ÉPISODES

ET

SOUVENIRS

DE LA GUERRE DE PRUSSE

(1870 - 1871)

PAR MAXIME DE MONTROND

CHEVALIER DE L'ORDRE DE SAINT-GRÉGOIRE LE GRAND

LIBRAIRIE DE J. LEFORT

IMPRIMEUR ÉDITEUR

LILLE
rue Charles de Muyssart, 24

PARIS
rue des Saints-Pères, 30

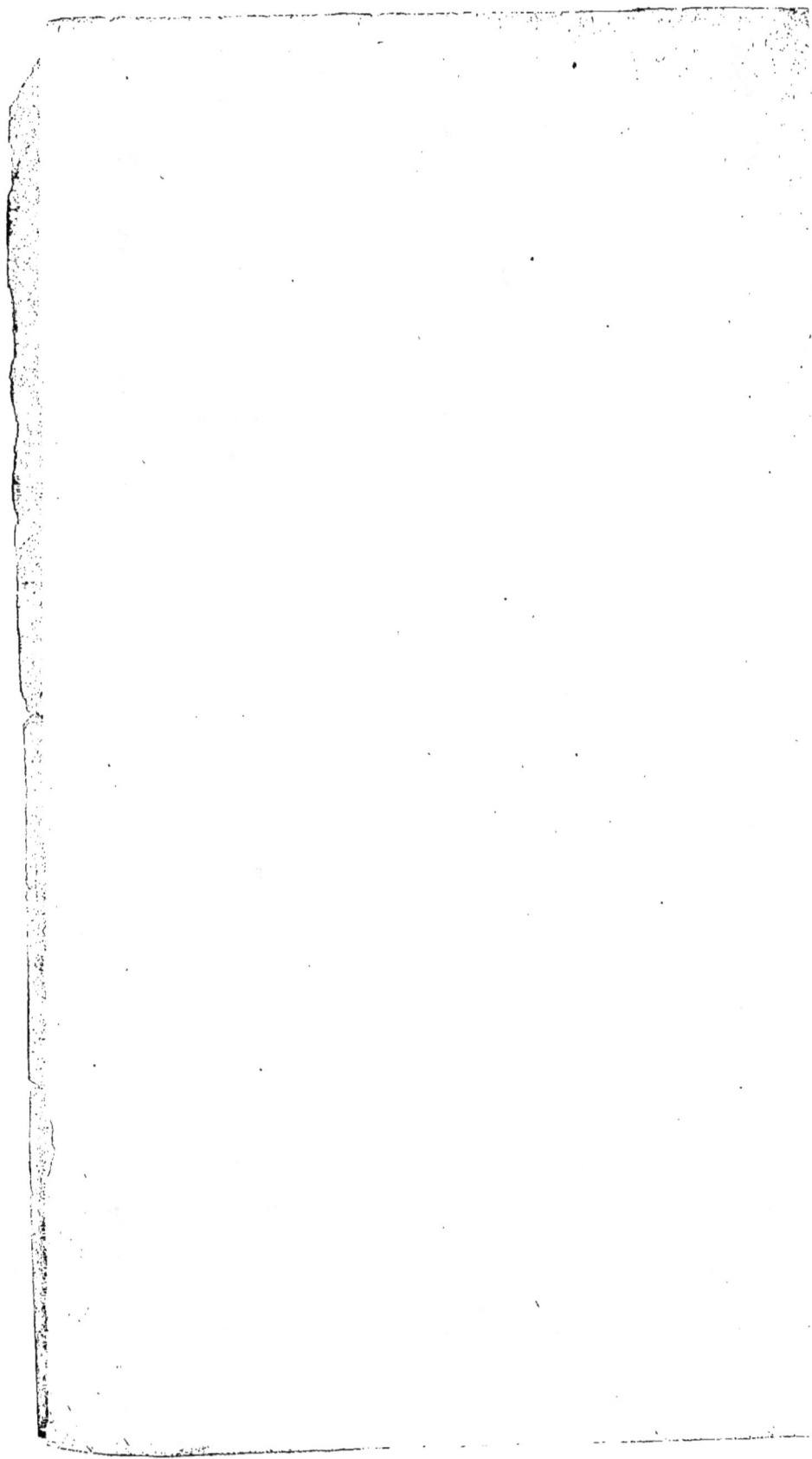

ÉPISODES ET SOUVENIRS

DE LA GUERRE DE PRUSSE

(1870-1871)

In - 8°.   4° série.

Nuit de deuil et d'épouvante !....

ÉPISODES

ET

SOUVENIRS

DE LA GUERRE DE PRUSSE

(1870-1871)

PAR MAXIME DE MONTROND

CHEVALIER DE L'ORDRE DE SAINT-GRÉGOIRE LE GRAND

DEUXIÈME ÉDITION

~~~~~

LIBRAIRIE DE J. LEFORT

IMPRIMEUR ÉDITEUR

LILLE   PARIS

rue Charles de Muyssart, 24 | rue des Saints-Pères, 30

INTRODUCTION

Il se rencontre parfois dans l'histoire des nations les plus fières, les plus privilégiées, les plus accoutumées à vaincre, des phases douloureuses où, par suite de causes diverses, le malheur s'attache à leurs armes, la victoire déserte leur drapeau, en sorte qu'une guerre dont elles semblaient attendre honneur et gloire, devient pour elles la source d'effroyables calamités. Les historiens futurs de la France auront à raconter l'une de ces phases, qui font l'ombre sur nos brillantes annales, quand ils parleront des années 1870-1871.

Les historiens de la guerre de Prusse, s'ils se placent au point de vue purement humain, chercheront et pourront trouver de nombreuses causes de nos défaites : le défaut de prudence, l'imprévoyance des gouvernements, la supériorité numérique des armées ennemies, l'infériorité de la discipline dans les rangs de nos armées, le manque d'instruction chez nos jeunes troupes, etc., toutes ces causes ont contribué sans doute à nos malheurs. Et cependant, elles ne sont que secondaires. Il faut chercher ailleurs et plus haut la principale, et la vraie source de nos désastres. Elevons donc nos regards et sachons enfin découvrir au dessus de nos têtes le mystère de notre humiliation et de notre abaissement. Heureuse la France, si elle pouvait trouver, dans cette connaissance même, les moyens de se relever, pour reprendre bientôt le cours de ses hautes destinées et son premier rang parmi les nations de l'Europe !

Un livre publié naguère par un prêtre éminent [1], sous ce titre : *Dieu et les malheurs de la France*, nous découvre la véritable origine de ces malheurs. « La France, nous dit le pieux auteur, s'est endormie au sein de trois corruptions qui en résument beaucoup d'autres, savoir : d'une folie d'orgueil, d'un paroxisme de convoitise matérielle, et d'un débordement de sensualisme qui seront le stigmate de notre époque devant l'avenir. — En d'autres termes plus simples, l'athéisme social est la première cause de nos calamités et de notre décadence. Le prophète royal le proclamait déjà, il y a trois mille ans, et cet oracle sera toujours vrai : « *Si le Seigneur ne bâtit lui-même une maison, c'est en vain que travaillent ceux qui la construisent.... Si le Seigneur ne garde une ville, c'est en vain que veille celui qui la garde.* » (Ps. CXXVI.) Malheur donc aux nations qui cherchent à exiler Dieu de leur sein ; elles marchent à grands pas vers la décadence et la ruine. Bien plus, elles retournent à l'état sauvage.

« Un peuple qui ne croit pas, s'écriait naguère à l'Assemblée nationale un éminent prélat [2], n'est pas loin de la barbarie : sans Dieu, vainqueurs ou vaincus, vous ne saurez que vous écraser et vous dévorer les uns les autres, témoin 93 et la Commune. »

Mais détournons un instant nos regards des horreurs de la guerre étrangère et civile. Au milieu même de nos malheurs et de nos défaillances, que de belles actions, que d'actes de dévouement et de vrai patriotisme, nous ont fait retrouver la véri-

[1] Le R. P. Caussette, vicaire général de Toulouse.
[2] Mgr l'évêque d'Orléans, séance du 22 juillet 1871.

table France, la France chrétienne, toujours grande, noble, généreuse et charitable ! Combien de fois cependant, à la nouvelle de nos désastres successifs, n'avons-nous pas entendu cet étrange langage : *On rougit presque de s'avouer Français !...* Quoi donc ! serait-il vrai que le beau nom de *France*, synonyme jusqu'ici de franchise, de bravoure, de noblesse et de grandeur, ce nom si respecté en Orient, eût perdu désormais en Occident son auréole d'honneur et de gloire ? Non, il n'en sera point ainsi. Dieu nous a châtiés, parce que nous l'avons mérité. Nous avons méconnu ses lois, manqué à notre vocation. Nous avons perdu la trace de la mission providentielle de la *Fille aînée de l'Eglise*, du soldat de Dieu pour accomplir ses gestes : *Gesta Dei per Francos....* Nous avons délaissé la cause du Vicaire de Jésus-Christ.... Dieu nous a frappés, c'est justice ; mais si Dieu est juste dans cette ruine passagère, il se montrera miséricordieux dans notre résurrection, lorsque, profitant de cette leçon terrible, nous voudrons travailler sérieusement à redevenir un grand peuple, c'est-à-dire en devenant de nouveau la nation chrétienne de Clovis, de Charlemagne et de saint Louis.

C'est dans ces pensées que, cherchant naguère quelque consolation à nos infortunes, nous consacrions nos heures de loisir à recueillir soigneusement certains récits et épisodes relatifs à la guerre de Prusse, dont la lecture nous avait particulièrement frappé. Le *dévouement religieux* a joué un beau rôle dans cette malheureuse guerre, et dignement rempli sa mission. Nos évêques, nos prêtres, les divers corps religieux, des hommes de tout rang, de simples femmes ont donné d'admirables exemples qui honorent la France ; le dévouement patriotique s'est montré à son tour dans beaucoup de nobles cœurs. D'autres

ont déjà redit et rediront encore les nombreux épisodes de
la guerre de Prusse, qui, malgré leur résultat final, n'ont pas
été cependant sans quelque gloire pour nos armes : les batailles
de Gravelotte, de Coulmiers, du Mans et de Patay; les belles
défenses de Bitche, de Strasbourg, de Belfort; le dévouement
des Charette, des Cathelineau et de leurs vaillants frères d'armes;
le siége de Paris soutenu par tant de patients efforts et d'héroïque résignation, etc., etc.... Nous renfermant dans un cadre
plus modeste, nous venons aujourd'hui présenter au lecteur
quelques simples récits et traits particuliers qu'il est bon de
mettre au grand jour et de ne point oublier. Ils nous montrent
en effet que notre nation, la véritable France, au milieu même
de ses épreuves et de ses infortunes, est toujours restée grande,
noble, généreuse, et digne enfin, par sa foi et sa charité, des
miséricordes de Dieu, après avoir subi les coups de sa sou-
veraine justice.

Puisse ce tableau consolant ramener la confiance dans quelques
âmes, et présager des jours meilleurs à notre chère France, que
nous devons d'autant plus aimer, comme on l'a dit justement,
qu'elle est plus malheureuse !

ÉPISODES ET SOUVENIRS

DE LA GUERRE DE PRUSSE

I

Les préludes de la guerre.

L'aspect de Paris et de la France au début de la guerre de Prusse semblait faire présager des victoires. Accoutumée à vaincre, fière de ses glorieux exploits en Afrique, en Orient, en Italie, la France se voyait déjà victorieuse sur les bords du Rhin, et ne prévoyait nullement les revers qui attendaient ses armes. Une sorte d'enthousiasme guerrier était passé dans l'âme du peuple : des chants patriotiques retentissaient dans les rues de la capitale. On y voyait jusqu'à des groupes de jeunes enfants se promener fièrement avec un tambour et un drapeau, en chantant le refrain si connu :

> .... Mourir pour la patrie,
> C'est le sort le plus beau, le plus digne d'envie!

C'était partout, sur les murs, des images, des caricatures mystifiant les Prussiens nos ennemis. On criait dans nos rues : *à Berlin! à Berlin!* Si quelqu'un, plus sage, prévoyant l'avenir, eut osé dire alors à ces crieurs présomptueux : « Ne vous vantez point ainsi : peut-être le Prussien sera-t-il bientôt lui-même aux portes de Paris, » on l'aurait regardé comme un fou. Et en effet, quelle apparence de raison dans cet étrange langage !

Cependant la voix éloquente de nos évêques appelait les fidèles aux pieds de l'autel, afin d'y implorer le secours du Dieu des armées. « Le soldat chrétien doit appeler Dieu à son aide, s'écriait Mgr de Tulle; sans cet immense compagnon d'armes, il resterait impuissant. La prière est le gymnase des victoires, le supplément des forces guerrières, le complément de la puissance.... Vous tous, sans distinction d'âge et de sexe, qui suivez d'un regard tendre nos héros rangés en bataille, prenez votre part dans la lutte. Priez, priez encore. Chaque cri de votre lèvre vers Dieu sera un dard qui atteindra l'ennemi lointain. Une pauvre femme avec ses prières renverse des bataillons.... — Quelles qu'aient été ses fautes, notre patrie, s'écriait l'évêque d'Angers, est devenue la plus grande force humaine que la religion et la vérité aient placée ici-bas. Non, une nation qui a mérité depuis tant de siècles le titre glorieux de *Fille aînée de l'Eglise*, une nation qui jette par milliers ses fils sur toutes les plages où l'Evangile peut faire une conquête, une nation qui met au service de l'humanité entière des légions d'héroïnes de la charité, une nation qui est aujourd'hui le principal foyer de toutes les grandes œuvres destinées à propager le règne de Dieu sur la terre, une telle nation n'invoque pas en vain la protection du Ciel... »

« .... La France, disait Mgr de Poitiers, a reçu d'en

haut une mission qui fait sa fortune comme sa gloire; tant qu'elle coopérera aux desseins de Dieu, elle ne déchoira pas du rang suprême où elle était parvenue. Les causes sacrées qu'elle sert et qu'elle protége, deviennent à leur tour sa force et sa protection. Placée sous cette sauvegarde, notre belle patrie ne verra point passer à d'autres l'ascendant qui s'est attaché durant tant de siècles au nom glorieux de la France. »

On priait donc dans les églises, dans les communautés. La France était en prière. A Paris, le saint sacrifice fut offert pour le triomphe de nos armées, d'abord à *Notre-Dame des Victoires*, et bientôt dans toutes les autres paroisses. Nous entendons encore le vénérable abbé Deguerry annonçant de sa voix mâle et puissante, le dimanche 24 juillet 1870, à l'office du soir de la Madeleine, que la sainte messe serait célébrée désormais *chaque jour* dans son église, pour que *la France ne descende pas du haut rang où elle est parvenue*. Hélas! ce vénéré pasteur, *le meilleur des hommes*, comme on l'a justement dit, ne soupçonnait guère alors que la France serait bientôt humiliée, vaincue, et que lui-même, victime innocente, tomberait martyr sous les balles de la Commune de Paris.

Une animation extraordinaire régnait dans la grande cité. On doit le dire à son honneur, la religion avait sa large part. Les églises se remplissaient de pieux fidèles, de mères, de jeunes soldats. *Notre-Dame des Victoires* surtout, en tout temps si fréquentée, l'était beaucoup plus encore. On s'y portait en foule. Ce spectacle dont nous avons été souvent le témoin, a laissé dans notre cœur un touchant souvenir. En même temps se formaient des *Comités de secours à l'armée*. L'un d'entre eux, sous la présidence de Mgr de Ségur, prenait le nom de *Comité catholique de secours à l'armée*. On lisait dans sa *circulaire* cet appel pressant : « En face des immenses besoins spirituels et matériels que réclament en ce moment les quatre à cinq cent mille soldats qui combattent pour l'honneur de la France, il nous a paru indispensable de multiplier les secours. Plus la charité catholique et le dévouement patriotique trouveront des moyens de s'exercer, plus nos braves soldats recevront de soulagement dans la longue et pénible guerre où ils sont engagés. Nous voudrions leur procurer à tous l'assistance religieuse en même temps que les secours matériels ; nous voudrions aider les prêtres qui se dévouent à nos soldats, à remplir avec le plus d'efficacité possible leur saint et glorieux ministère, en leur fournissant tout ce qui peut seconder leur zèle.

» Quoique essentiellement et principalement religieux, notre Comité aidera de tout son pouvoir au bien-être matériel des pauvres blessés et des convalescents ; si l'Eglise s'occupe d'abord des âmes, elle n'oublie pas le corps, surtout dans des moments pareils.

» Nous faisons donc appel à toutes les familles catholiques de notre France.... Nous sommes certains que les catholiques auxquels nous nous adressons, justement alarmés des dangers dont le Saint-Siége est menacé, sauront confondre dans un même amour l'Eglise et la France. Il faut donner, beaucoup donner, donner pour l'armée, donner pour le Souverain-Pontife, afin de montrer que ces deux glorieux titres de français et de catholiques sont toujours inséparables.... »

On sait avec quel empressement et quelle générosité la France répondit alors et plus tard encore à cet appel. On n'offrit point seulement des dons de toute sorte, mais on s'offrit soi-même ; des prêtres et des religieux, en grand nombre, revendiquèrent l'honneur de servir comme *aumôniers volontaires* dans les rangs de nos armées. Les PP. Jésuites, les Dominicains, ceux-là même dont les frères devaient plus tard expier par leur sang innocent les crimes de la France, ne furent point les derniers dans cette lice de dévouement chrétien. Les Franciscains, les Oblats de Marie, les Carmes, les Maristes, les prêtres du Sacré-Cœur, les Chartreux, les Trappistes, les Trinitaires réclamaient aussi cette faveur. En même temps, les évêques offraient leurs séminaires et leur maison épiscopale pour des ambulances où les jeunes séminaristes se dévouaient au rôle d'infirmiers. Les curés offraient leur presbytère. De nobles châtelaines ouvraient aussi leurs châteaux à nos soldats blessés et convalescents. Plus d'une pieuse châtelaine se croira honorée en venant y panser, de ses propres mains, des blessures reçues en combattant les ennemis de la patrie [1].

Dans ce premier tableau que nous rappelons ici en général, on retrouve la véritable France, toujours grande, noble, charitable. Deux lettres adressées au Ministre, au début des hostilités, méritent, entre beaucoup d'autres, une place d'honneur dans nos souvenirs de la guerre de Prusse.

« Le R. P. Basile du Très-Saint-Nom-de-Marie, provincial des Carmes déchaussés de la province d'Aquitaine, soussigné, a l'honneur de mettre à la disposition de Votre Excellence les cinq couvents de Bordeaux, Agen, Bagnères-de-Bigorre, Pamiers et Carcassonne, pour y recueillir et y abriter le plus et le mieux possible nos soldats malades ou blessés. Il réclame pour lui et pour tous ses religieux la faveur et la gloire de les servir et de les soigner dans chacune de ces maisons en qualité d'infirmiers. »

---

[1] N'oublions pas l'offre du château de Chambord, faite l'une des premières par celui qu'on a justement nommé *le premier gentilhomme de France*.

Voici la lettre du Frère Philippe, supérieur des Frères des Ecoles chrétiennes, à M. le Ministre de la guerre :

« Paris, le 15 août 1870.

» Monsieur le Ministre,

» Malgré les travaux de l'année scolaire opérés sous les excessives chaleurs qui ont eu lieu pendant l'été, nos Frères veulent profiter du temps des vacances pour payer à la patrie un nouveau tribut de dévouement.

» En conséquence, M. le Ministre, je viens mettre à votre disposition tous les établissements libres que nous possédons, tels que : (suit leur énumération); notre maison-mère, rue Oudinot, à Paris, etc., etc., en ce qui nous concerne, les maisons et les écoles communales que nous dirigeons dans toute l'étendue de l'empire, pour être transformés en ambulances. — Tous les Frères qui dirigent ces établissements libres et publics s'offrent pour prodiguer leurs soins aux malades et aux blessés qui leur seront confiés.

» Les soldats aiment nos Frères et nos Frères les aiment : un grand nombre d'entre eux ayant été élevés dans nos écoles, seront heureux de recevoir des soins inspirés par le zèle et le dévouement de leurs anciens maîtres.

» Les membres de mon Conseil, nos Frères visiteurs et moi-même, oubliant nos fatigues et les nombreuses années que nous avons consacrées à l'éducation de la classe ouvrière, nous nous ferons un devoir de surveiller ce service et d'encourager nos Frères dans cet acte de charité et de dévouement.

» C'est dans ces dispositions que j'ai l'honneur d'être. M. le Ministre, etc. »

A la même époque, on lisait ces lignes dans un journal :

« A la Trappe de *Notre-Dame des Dombes*, le R. P. abbé, qui dans le monde porta le nom de marquis de la Douze, a réuni ses religieux, leur a présenté la patrie en danger et leur a dit : « Les hommes valides d'entre vous doivent leurs bras à la France. » Il s'en est trouvé quarante-deux. Ils se sont procuré des vêtements laïques pour ne pas attirer l'attention, et ils sont allés se ranger sous le drapeau national [1].

II

Pèlerinage d'une paroisse vendéenne à Notre-Dame des Gardes, dans le diocèse d'Angers, le 15 août 1870.

« Pendant que les journaux racontent avec un légitime orgueil la bravoure de nos soldats sur le champ de bataille, il ne sera sans doute pas sans édification de raconter aussi ce que font, de leur côté, les mères et les sœurs de ces braves soldats; ce que font eux-mêmes, avant de partir, leurs frères appelés à les rejoindre.

» Depuis surtout que s'est élevée la voix de Mgr l'Evêque pour inviter à la prière, il est certain que des supplications ont monté bien nombreuses et bien ferventes vers le ciel. Je puis assurer du moins que dans notre contrée (canton de Chemillé) tous les sanctuaires que possèdent diverses paroisses, sont visités avec la plus touchante

---

[1] Les Cisterciens de *Sénanque* (Vaucluse) avaient, un peu plus tard, huit de leurs moines enrôlés dans l'armée. Les Frères Oblats servaient sous les ordres de Cathelineau et de Charette. Les PP. Prémontrés de Saint-Michel de Frigolet, après avoir envoyé un de leurs Pères comme aumônier aux *volontaires de l'Ouest*, firent partir une douzaine de leurs religieux en qualité de simples soldats dans une des légions mobilisées des Bouches-du-Rhône, pour le *camp des Alpines*.

piété. Ainsi celui du Champ des Martyrs dans la forêt de
Vezins, celui de Saint-Michel dans la paroisse de Chante-
loup, celui de Notre-Dame de la Salette dans l'église de
Vezins, ainsi le cimetière et le calvaire de la Tourlandry
et surtout la chapelle des Trappistines dans la paroisse des
Gardes.

» Je veux raconter ici avec quelques détails le pieux et
touchant spectacle qui nous a été donné à ce dernier sanctuaire, le jour de l'Assomption, par une paroisse voisine.

» A quatre heures de l'après-midi arriva la procession
de la Tourlandry, distante des Gardes de cinq kilomètres.
Elle était composée de tous ceux qui, dans la paroisse,
avaient pu quitter la maison.

» Les femmes ouvraient la marche, formant deux longues lignes; suivaient les hommes au dessus de trente-cinq
ans et quiconque n'avait pas encore vingt ans. Au milieu
des rangs marchaient deux à deux et très-gravement quatre-
vingt-dix-huit jeunes gens : c'étaient ceux que les récentes
lois appelaient sous les drapeaux. Les deux premiers, en
tête, portaient deux immenses oriflammes avec les inscriptions : *Notre-Dame de la Garde*, *Notre-Dame des Victoires*,
priez pour nous. Au milieu de la colonne s'élevait une
grande et belle statue de la sainte Vierge portée tour à
tour par quatre de ces braves, tandis que quatre autres
tenaient les cordons d'honneur.

» Deux autres oriflammes aussi aux couleurs de la sainte
Vierge, avec les inscriptions : *Secours des Chrétiens*, *Consolatrice des affligés*, *priez pour nous*, étaient portées par
les deux plus jeunes qui marchaient en arrière.

» Les jeunes soldats suivirent l'allée de la chapelle laissée libre pour eux; ils déposèrent l'image de Marie sur un
trône préparé en avant de celle, si vénérée d'habitude, dans

la chapelle elle-même, et debout entonnèrent de leur voix mâle et chrétienne, un cantique de consécration dont le refrain était :

> De tes enfants exauce les prières,
> Du haut du ciel daigne les protéger ;
> Mère bénie entre toutes les mères,
> Sois-nous propice au moment du danger.

» Inutile de dire que les larmes coulaient de tous les yeux de l'assistance au grand complet, les hommes ayant envahi jusqu'à la sacristie et les appartements des Trappistes gardiens du sanctuaire extérieur.

» A ce moment, le pasteur, heureux de la foi de ses enfants, monta les degrés de l'autel, et adressa, d'une voix émue, ces paroles à Celle que l'on était venu invoquer :

« O Notre-Dame des Gardes, voici à vos pieds des » enfants qui viennent aujourd'hui s'offrir à vous, pour la » défense du royaume que vous aimez, du royaume qui » vous a été consacré.

» O Notre-Dame, écoutez notre prière à tous, protégez » toujours la France ; défendez notre armée, sauvez nos » soldats.

» O Notre-Dame, je vous recommande particulièrement » ceux-ci aujourd'hui ; ils sont vos enfants et les miens ; » protégez-les dans les périls auxquels ils vont être expo- » sés ; ramenez-les sains et saufs, sans reproche et bons » chrétiens.

» Si quelques-uns doivent succomber, ô Notre-Dame, » recueillez leur âme, et demandez pour elle au Ciel la » gloire et le repos éternel dont vous jouissez.

» Il est vrai, nous avons péché, *væ nobis quia peccavi-* » *mus* : nous le reconnaissons, nous le confessons, mais » nous avons déjà payé un lourd tribut : conjurez votre

» Fils d'accepter notre humiliation et de l'avoir pour
» suffisante.

» O Notre-Dame, voyez notre affliction, consolez-nous,
» et nous donnant le secours de votre bras qui seul vaut
» une armée rangée en bataille, *auxilium christianorum*,
» *ora pro nobis.* »

» Aussitôt les jeunes gens entonnèrent un nouveau cantique ayant pour refrain :

> Garde-nous bien, Vierge Marie,
> Puissante au ciel pour protéger ;
> Garde-nous bien, toi que l'on prie,
> Surtout à l'heure du danger.

» La bénédiction du Saint-Sacrement fut alors donnée
au milieu de la plus douce émotion, et la procession de la
Tourlandry reprit sa marche pour le retour.

» Pour nous, qui étions témoins de cette religieuse
scène, nous pensions ce que d'autres penseront sans doute
avec nous en lisant ce récit : — De si bonnes prières sont
bien puissantes, et comme il s'en fait ainsi sur tous les
points de la France, non, la France ne saurait périr ! »

(*Semaine religieuse d'Angers*).

III

Traits divers au début de la guerre.

Le Maréchal Ministre de la guerre a reçu la lettre suivante :

« Monsieur le Ministre, je me sers encore des éperons
que je portais dans le 1er de dragons pendant la bataille
d'Iéna, mais je ne supporterais plus les bivouacs.

» Cependant, si les événements de la guerre contre la Prusse le demandaient, je pourrais encore donner l'exemple de la défense sur un rempart.

» En attendant, si le gouvernement pense à ouvrir une souscription pour un don patriotique, je m'engage à y verser immédiatement *cent mille francs.*

» Agréez, monsieur le Maréchal, mes respectueux hommages,

» ROCHECHOUART, duc de Mortemart,
» *général de division, sénateur.* »

———

« Qu'on ne parle plus de l'héroïsme des femmes de Lacédémone !

» L'autre jour, à la gare de l'Est, avant de monter en wagon, quatre jeunes soldats embrassaient avec effusion une dame âgée, qui pleurait en leur disant de nobles et encourageantes paroles.

» C'était une mère dont les quatre fils partaient comme engagés volontaires.

» Nous regrettons de ne pas savoir le nom de cette héroïque Française. »

———

Depuis que la guerre est imminente, l'église de Notre-Dame des Victoires à Paris ne désemplit pas de braves soldats qui viennent remplir leurs devoirs chrétiens.

Un vieux chevronné de la ligne disait, en sortant de Notre-Dame des Victoires :

« Nous sommes venus prendre congé d'elle, avant de lui donner quelques victoires de plus. »

———

« Nous recevons la lettre suivante, disait un journal.

« Paris, 19 juillet, 1870.

» Monsieur,

» Ce matin, à neuf heures, à la gare Saint-Lazare, un fait touchant s'est passé qui doucement repose de ces cris de haine que depuis huit jours on fait retentir à nos oreilles.

» Un détachement d'artilleurs se trouvait rangé sur le quai du chemin de fer, prêt à s'embarquer, lorsque d'un train de Versailles descendit un *évêque in partibus*, en habit de dominicain, suivi d'un autre prêtre.

» Au moment où tous deux passaient devant la troupe, un artilleur s'écria : « Monseigneur, bénissez-nous avant » que nous partions; cela nous portera bonheur! »

» L'évêque s'arrêta, se recueillit un instant, sans doute pour prier, et la bénédiction pastorale descendit sur les mâles visages de ces hommes qui, dans si peu de jours, donneront la mort ou la recevront!

» Un seul avait demandé cette bénédiction; quelques-uns peut-être ont souri quand les saintes paroles sont tombées de la bouche de l'évêque, mais à combien de cœurs n'a-t-elle pas donné un plus pur courage?

» Agréez, etc. »

Un dimanche, à la gare de Toulouse, le 18ᵉ bataillon de chasseurs à pied se disposait à partir. La foule était énorme et enthousiaste, faisant retentir l'air de cris belliqueux et de chants patriotiques. Un inconnu — qui ne l'est point, disait la *Gazette du Languedoc*, — s'inspirant de ses sentiments chrétiens, s'approche d'un soldat, détache de sa chaîne de montre une médaille à l'effigie du Saint-Père, qui lui avait été envoyée par le cardinal Antonelli, y joint une pièce de vingt francs avec ces mots : « Écrivez-moi au lendemain de la victoire !!! Dieu vous protégera ! »

—

PONT-A-MOUSSON. — Voici ce qu'on écrivait de Pont-à-Mousson, où passaient de nombreux trains remplis de militaires : « Le clergé et le petit-séminaire s'étaient munis à la hâte de provisions de toutes sortes, ils avaient emporté quelques médailles. Mais ils n'avaient pas assez compté sur la foi ardente de nos braves soldats. L'un d'eux nous demande : — N'avez-vous pas de médailles ? — Voici, lui fut-il répondu. Et aussitôt, d'un bout à l'autre du train, on demande des médailles, on les réclame avec instance. On court chez le marchand, on achète tout ce que l'on peut trouver de médailles dans la ville. Mais enfin l'on y peut plus suffire. On a tout donné ; on n'a plus de médailles, et les soldats en réclament encore. Alors, spectacle touchant, un grand nombre de dames enlèvent de leur cou les médailles qu'elles portent, des croix — et il y en avait de prix — pour les offrir à nos braves, qui les acceptent avec reconnaissance, en pensant sans doute à leurs mères et à leurs sœurs. »

—

Un jeune ouvrier, fils unique, vient de s'engager. Son père est grave et fier ; sa mère est toute triste, prête à pleurer.

Le mari, très-ému lui-même, cherche à consoler la pauvre femme.

« Si encore, dit cette dernière, notre enfant avait près de lui, là-bas, un voisin ou un ami. »

Le mari devient soucieux ; mais il prend quelques papiers dans l'armoire et sort tranquillement.

Au bout d'une heure, il revient, et, prenant la main de sa femme :

« Notre enfant, dit-il, aura près de lui un voisin, un ami.

— Dieu soit loué! Et qui donc est celui-là?

— Moi, son père. Je viens de m'engager dans son régiment. »

—

Nous citons la lettre suivante, comme spécimen de très-nombreux épisodes du même genre, non moins touchante :

« A mon père J. L..., propriétaire
» à Larchamp (Orne).

» Au nom du Père, du Fils et du Saint-Esprit.

» Si je viens à succomber dans la campagne de Prusse, je fais le sacrifice de ma vie au bon Dieu, qui est mort pour moi sur la croix : je lui donne volontiers mon sang pour ma patrie, notre chère France. Je pars content et sans crainte, car le bon Dieu est pour moi et la bonne Vierge Marie; par conséquent, je ne suis pas orphelin. Je meurs dans le sein de l'Eglise catholique, apostolique et romaine, à laquelle j'ai le bonheur d'appartenir. Je prie le bon Jésus, mon Sauveur, de me recevoir dans sa miséricorde infinie. Ma dernière pensée est pour mon bon papa, pour ma tendre maman et tous mes frères et sœurs. Oui, je vous embrasse tous en Jésus et en Marie.

» J. Lemoine, soldat.

» Si je viens à mourir, priez tous pour moi.

» Déposé par moi-même entre les mains de mon ami Thévenot, chantre à Langres, qui m'a fait tant de bien, afin d'être remis à ma famille, à Larchamp (Orne). »

—

Des soldats partent et sont entassés dans un wagon. Au milieu d'eux est un volontaire Breton : il a quitté sa mère et sa jeune sœur ; il va, comme jadis ses aïeux, défendre la patrie envahie par l'hérétique. Sa poitrine est cuirassée d'un Sacré-Cœur et d'une médaille : c'est le présent d'adieu des êtres bien-aimés qu'il abandonne. « Je le jure, ma sœur, je te rapporterai ce Cœur et la médaille que m'a donnée ma mère, où je mourrai glorieusement devant l'ennemi. » Voilà ce qu'il a dit, et ce qu'il répète devant ses camarades sans forfanterie, mais avec courage. Un vieux grognard, assis non loin de là, le seul de la bande qui ait le triste courage de renier sa foi, lui dit : « Eh bien, petit, comment est-ce donc fait une médaille ? » Le jeune volontaire, confiant, ouvre sa veste et la détache pour la montrer au vieux. « Bien, petit ; tu ne la reporteras pas à ta sœur, car elle va voler sur la voie par la fenêtre du wagon. » Mais le bras d'un autre Breton arrête la main du coupable, et tous les camarades de dire : « Nous aussi nous avons des médailles et des scapulaires. » Honteux, le grognard rend l'objet précieux au soldat chrétien. Mais là ne s'arrête pas la scène. Un bon religieux dominicain, pendant ce temps, récitait son office, et quand il eut terminé : « Et qui donc, dit-il, réclamait une médaille et un scapulaire ? » Tous les militaires de répondre : « Mais, Père, nous avons tous des médailles et des scapulaires ; voyez plutôt : » et, déboutonnant leurs vestes, ils font apparaître les pieuses insignes. Qui resta sot ? Ce fut le vieux grognard ; mais la charité du bon religieux le tira d'embarras : « Je me préparais à vous donner à tous des médailles et des scapulaires, parce que j'en ai une provision : car moi aussi, je vais à la guerre. Vous, mon vieux, est-ce que vous ne voudriez pas une mé-

daille ou un scapulaire? » Avec un certain embarras,
mais pourtant d'un ton décidé, le grognard lui répond :
« Pourquoi pas les deux, mon Père? et je vous jure,
foi de soldat français, que je les garderai et les rapporterai au pays, ou je tomberai sur le champ d'honneur! » Voilà ce que peut le bon exemple sur ces
cœurs où la foi du jeune âge ne fait que dormir : il ne
faut qu'une étincelle pour la réveiller. Et dire qu'une
foule de Français, soldats et civils, ressemblent au vieux
grognard !

—

« Au début de la guerre, nous assistions au départ de
nos jeunes compatriotes qui, faisant partie de la garde
nationale mobile, étaient appelés au camp du Pas-des-
Lanciers pour s'y exercer au maniement des armes et
se mettre en état de défendre la patrie, quand le moment sera venu de réclamer leur concours. Parmi les
préoccupations et les tristesses inséparables de ce départ,
le cœur des mères chrétiennes se demandait si leurs
enfants trouveraient au camp les moyens d'accomplir
les devoirs religieux auxquels, grâces à Dieu, un très-
grand nombre de nos braves jeunes gens s'honorent
d'être restés fidèles. Cette pensée a préoccupé également
le cœur de leur évêque, et l'on n'apprendra pas sans
émotion que, après s'être entendu avec Mgr l'archevêque d'Aix, dans le diocèse duquel le camp est placé,
Mgr l'évêque de Marseille a voulu inaugurer le premier le service religieux si vivement désiré de tous les
catholiques. Dimanche prochain, nos jeunes mobiles enten-
dront la sainte messe qui sera célébrée au camp par
Mgr Place, et la présence du premier pasteur du diocèse

de Marseille, en consolant ceux qui sont restés fidèles aux croyances de leur jeunesse, rappellera à tous que la religion fut de tout temps le plus ferme soutien de nos armes et la meilleure inspiration de la bravoure française. »

—

L'autre jour, sur un boulevard de Paris, un soldat qui s'était mis en retard précipitait sa marche pour rejoindre son bataillon; arrivé à la hauteur du Château-d'Eau, il se trouve face à face avec un prêtre, et le brave enfant de s'écrier : « Embrassez-moi, mon Père, cela me portera bonheur. » Le prêtre ouvrit ses bras, et l'accolade fraternelle fut cordialement donnée, aux applaudissements de la foule.

—

Le rappel des soldats de la mobile a donné lieu à Paris à l'intéressant incident que raconte ainsi un petit journal :

« Quelques braves jeunes gens, qui, eux, ne devaient certainement point s'attendre à une ovation de la part du peuple de Paris, ce sont cinq zouaves du Pape en uniforme, étaient rappelés en France comme faisant partie de la garde mobile.

» Au moment où ils tournaient l'église de la Madeleine, une bande patriotique s'approcha d'eux en criant :

« Vivent les turcos !

— Nous ne sommes pas des turcos, Messieurs, répondit un des papalins; nous sommes des soldats du Pape qui venons défendre notre pays comme nous avons défendu là-bas nos convictions. »

» Un tonnerre de bravos et de : « Vivent les soldats du Pape ! » accueillit cette mâle déclaration.

» Et voilà nos papalins entourés, fêtés, embrassés et

3

entraînés par la bande patriotique, bras dessus bras dessous.

» A la hauteur de la rue de Caumartin, un des petits zousous de Sa Sainteté était porté en triomphe.

» Et ce n'est pas sans peine qu'aux bords du nouvel Opéra les cinq papalins mobiles ont pu se dégager de quatre ou cinq cents accolades. »

LA BATAILLE DE REISCHOFFEN

Le 6 août 1870.

Le souvenir de la bataille de Reischoffen, livrée au début de la guerre, restera toujours glorieux dans nos annales militaires. Que de victimes déjà, parmi nos vaillants et infortunés soldats, dans cette première journée où le 9e cuirassiers, entre autres, fit la fameuse charge devenue légendaire ! On vit en ce jour des milliers de braves se laisser broyer pour assurer le salut du reste de l'armée. Ce fut, ont écrit les glorieux survivants, une tuerie héroïque, pendant laquelle 1200 cavaliers arrêtèrent durant plus d'une heure une armée de 120,000 hommes victorieuse.

Le maréchal de Mac-Mahon, qui commandait nos troupes à Reischoffen, fit des prodiges de valeur. Voyant la bataille perdue, il versait de grosses larmes. « Pourquoi pleurez-vous, maréchal? lui dirent quelques-uns de ses soldats dont il était le père, vous avons-nous refusé de marcher avec vous à la mort? »

Une feuille religieuse faisait plus tard les réflexions suivantes, trop justes, hélas ! à propos de cette bataille du 6 août.

« Lorsque la nouvelle généralement imprévue de ce grand désastre fut connue à Paris, il s'éleva tout aussitôt d'innombrables voix d'écrivains officiels ou officieux, d'historiens philosophes ou révolutionnaires, pour s'écrier sur un ton larmoyant que le génie des batailles venait d'être momentanément infidèle à la France, mais que cet échec allait être bientôt réparé par une stratégie nouvelle et un déploiement énergique de forces supérieures.

» Cependant une dépêche de Rome, annonçant l'évacuation complète du territoire pontifical par la petite armée française d'occupation, était venue tout expliquer, hélas ! aux catholiques et aux observateurs sérieux. Il fallait absolument, quoique à regret (?) disait-on, s'éloigner le 5 août des rives sacrées du Tibre, laissant ainsi le Saint-Père à la merci des garanties italiennes, pour courir à la victoire ; et, dès le lendemain 6 août, dans les plaines de Reischoffen, il fallut subir... la défaite. Les catholiques, répétons-le bien haut, ne furent pas les derniers à s'affliger de cette humiliation du drapeau national, parce que la foi et les pratiques religieuses sont le plus pur aliment du patriotisme ; mais ils ne furent pas surpris. C'était la leçon toujours ancienne et toujours nouvelle de la justice divine et de l'histoire qui recommençait : le gouvernement français, désertant les traditions de la Fille aînée de l'Eglise, abandonne son poste d'honneur auprès du Pape ; donc il se perd. Et sans être prophètes ni fils de prophètes, nous devions nous attendre prochainement à une chute aussi honteuse que méritée, tant il est et sera toujours vrai : « Qu'il faut *véritablement* et *pleinement* honorer sa mère, si l'on veut vivre longtemps sur la terre. »

———

« Dans toutes les églises de Strasbourg, les femmes sont en prières. De la chambre où je vous écris, j'entends

ces chants, qui ne s'arrêtent pas. La ville tout entière
prie pour le succès de nos armes. C'est là un spectacle
qu'on ne peut regarder impassible. On a beau avoir quitté
la veille ce boulevard si gouailleur, — on peut le dire en
campagne, — si blagueur, on se sent ému devant la vue
de cette ville tout entière agenouillée. »

—

Parmi bien des faits qui témoignent de la foi religieuse
de nos excellents soldats, nous aimons à citer celui-ci :
Un ecclésiastique de Rouen avait à loger deux artilleurs ;
il leur abandonna son lit. Le soir, ayant oublié son bré-
viaire, il fut obligé de pénétrer dans sa chambre. Quelle
ne fut pas sa consolation et sa surprise quand il aperçut
nos deux artilleurs à genoux, récitant leur chapelet ! Il y
a vraiment, sous l'uniforme, des cœurs aussi pieux qu'héroïques. De tels soldats méritent doublement la victoire.
Un de nos plus braves généraux d'Afrique disait naguère
que ses meilleurs et ses plus courageux soldats étaient
les soldats franchement chrétiens.

UN AUMÔNIER MILITAIRE

Le P. Anatole de Bengy.

Parmi les cinq martyrs de la Compagnie de Jésus,
dont les tombes couvertes de fleurs dans l'église du Jésus,
rue de Sèvres à Paris, sont visitées chaque jour par de
pieux fidèles, figure le P. Anatole de Bengy. Consacrons ici
une page à sa mémoire, en attendant qu'un jour peut-
être nous puissions élever des autels en l'honneur de ces
bienheureux serviteurs de Dieu, nos contemporains, de-
venus alors nos puissants protecteurs dans le ciel.

Issu d'une noble famille du Berry et fils d'un digne

magistrat qui fut père de quatorze enfants, Anatole de Bengy entra au noviciat des Jésuites à Rome, à l'âge de vingt et un ans, le 13 novembre 1845, jour de la saint Stanislas Kotska. Avec le P. Parabère et quelques autres de ses confrères, il fit partie de l'expédition de Crimée en qualité d'aumônier. Il déploya sur cette plage meurtrière le zèle et l'ardente charité dont il fut toujours animé. Il eut beaucoup à souffrir pendant le rude hiver de 1854-1855, mais il ne se plaignait jamais de rien. Prêtre et religieux, il regardait comme un devoir de donner l'exemple à ces milliers de soldats qui enduraient gaîment les mêmes privations et la même souffrance.

Lorsqu'éclata la guerre de Prusse, le P. Anatole de Bengy sollicita la faveur de reprendre son ancien titre d'aumônier militaire. Il aurait voulu suivre nos troupes qui se rendaient vers les bords du Rhin, où devaient, suivant les prévisions, se livrer les premiers combats. Mais il n'était pas facile alors au clergé d'obtenir une place au feu. Un grand nombre de prêtres s'étaient offerts, bien peu furent acceptés comme aumôniers attitrés des armées. Le P. de Bengy n'obtint que l'emploi d'*aumônier d'ambulance volante*. Attaché à la huitième ambulance mobile, il partit de Paris par la gare du Nord, à destination des Ardennes : c'était à la fin du mois d'août 1870. Il part, n'emportant presque pas de bagages. « Un sac militaire, écrit-il à l'un de ses parents, une petite sacoche, une lanterne sourde pour aller, pendant la nuit, au secours des blessés ; une étole, un rituel et une petite boîte renfermant les saintes huiles, voilà les principaux objets de mon modeste nécessaire. » Il faut lire, dans les *Mémoires du P. de Bengy*, la description de la marche triomphale de cette huitième ambulance sur nos boule-

vards, à travers les marques de sympathie de toute la
population parisienne. Les deux aumôniers (les PP. de
Bengy et de Regnon) étaient alors vivement applaudis par
ce peuple qui depuis... Mais écartons un horrible souvenir.
Une quête faite par les jeunes médecins sur le parcours
du long trajet, produisit plus de *douze mille francs*.

L'ambulance arriva à Mézières non sans de grandes difficultés. Une formidable bataille semblait imminente autour
de Sedan, on s'y prépare. L'ambulance se rend à Ché-
méry, de là à Raucourt où elle apprend qu'on se bat à Beau-
mont. Elle s'installe à Raucourt, dans la mairie, tranformée
en hôpital. Elle y était depuis deux heures à peine, lorsque se répand une sinistre nouvelle : l'armée française est vaincue, débandée, et les troupes battent en retraite du côté de Raucourt, poursuivies par les ennemis.
Bientôt un cri effrayant retentit dans la petite ville : « Les
Prussiens! les Prussiens!... » Le canon gronde, les fusils brillent, les cavaliers passent au galop, les fuyards
chargeaient leurs fusils, se retournaient, faisaient feu,
se retournaient encore; les uns disparaissaient au détour
du chemin, les autres tombaient, étaient foulés aux
pieds, écrasés par les masses mouvantes. La mitraille
pleuvait sur la place de l'église et de la mairie. Ce
fut le *baptême du feu* pour les membres de l'ambulance.
Ils le reçurent bravement, firent bonne contenance, et,
dès que le feu se fut ralenti, tous coururent dans vingt
directions à la fois à la recherche des blessés gisant sur
les chemins. On se hâtait de les amener à la mairie avant
l'entrée des troupes allemandes dont on entendait au loin
les fanfares triomphales. Et, quand les Bavarois firent
leur apparition dans Raucourt, la mairie regorgeait de
blessés des deux nations, pêle-mêle couchés sur la paille.

« Notre installation provisoire, écrivait le P. de Bengy, avait été vantée même par nos ennemis, et cependant, que d'objets nous faisaient défaut! Tous nos malades n'avaient pu trouver place sur un brancard ou sur un lit; les quelques lits complets fournis par les habitants de la ville, devaient donner asile à deux ou trois blessés; et des matelas, jetés à terre, servaient de couche à ceux dont les blessures n'offraient pas autant de gravité.... Il nous fallut marcher dans le sang, nous frayer, avec peine, un passage au milieu des corps plus ou moins mutilés, jetés en tous sens et presque pêle-mêle, sur les parquets et les carreaux. Me voyez-vous d'ici, couché en quelque sorte sur le corps d'un soldat grièvement atteint et qui, avec simplicité et grande charité se ferme les oreilles? C'est que je suis forcé de prendre un point d'appui sur ce corps endolori pour entendre les derniers aveux de son camarade, de son voisin, près de paraître devant Dieu. »

C'est dans les *Mémoires du P. de Bengy*, livre touchant publié naguère, qu'il faut lire le récit des pérégrinations de cette ambulance devant Sedan, à Amagne, à Château-Porcien, à Beaurieux, à Soissons, au camp de Dammartin, etc. Le bon Père la suit toujours à pied, le sac au dos, ou bien dans de mauvais chariots de paysans... Partout il remplit son saint ministère avec zèle et une ardente charité, consolant les malades et les blessés, administrant aux moribonds les derniers sacrements et leur ouvrant les portes du ciel... A Dammartin, la huitième ambulance rencontre l'armée de Vinoy qui se repliait sur Paris. On parlait d'un combat qui pouvait se livrer dans les environs de Montmorency. L'ambulance se dirige aussitôt vers cette petite ville dont les habitants ont pris la

fuite. Peu de jours après, elle rentre dans Paris. Au
mois d'octobre, après bien des péripéties, nous la retrouvons installée à Arcueil dans le beau collége d'Albert le
Grand, tenu par les PP. Dominicains du tiers-ordre en-
seignant.

Dès le 19 septembre, le P. de Bengy avait pris part
aux combats de Chevilly, Villejuif, Châtillon, Clamart
et Meudon. Il ramassait les blessés sur le champ de bataille et se dépensait à leur service avec un courage et
une charité admirable. La reconnaissance et l'affection
que lui témoignaient ces pauvres soldats, étaient sa douce
récompense. Un soir il voit arriver à l'ambulance d'Arcueil un jeune soldat, mortellement blessé, que les Saxons
venaient d'amener jusqu'à la limite de leur territoire. Le
jeune homme reçoit la visite du Père avec un vif sentiment
de respect et d'affection ; il lui parle de sa famille et de
sa mère, de ses sœurs : « Mourir à vingt ans, dit-il
tristement. Ah ! c'est bien dur ; mais enfin il faut s'y sou-
mettre, puisque telle est la volonté de Dieu. » Il mourut
dans la nuit avec le calme et la douceur d'un saint.

D'autres blessés exprimaient au bon Père leur affec-
tueuse gratitude dans les termes les plus naïfs. « Que
vous êtes bon pour moi ! — Je vous aime autant que j'aime
ma mère. — Mon Père, ne vous exposez pas, je vous
prie, comme vous l'avez fait dans le dernier combat.
Oh ! je vous en conjure, ne soyez ni tué ni blessé, j'en
serais inconsolable. — Monsieur l'aumônier, criait un tout
jeune soldat, près du lit duquel le Père passait sans faire
attention, vous ne me reconnaissez pas? c'est vous qui
m'avez relevé sur le champ de bataille ; vous ne me reconnaissez pas, mais moi je vous reconnaîtrais bien entre
mille, allez. »

Beaucoup de ces jeunes blessés mouraient dans d'admirables sentiments de piété et de résignation. Un brave mobile du Finistère, blessé au cou, gisait silencieux et sombre sur son lit de douleur; le Père, croyant devoir relever son moral abattu, s'approche de lui et lui dit avec bonté : « Sois tranquille, mon cher enfant, les docteurs sont d'accord pour m'affirmer que ta blessure n'est pas mortelle et que tu guériras. » Le jeune homme se redresse sur son coude, et fixant sur le bon aumônier un regard doux et résigné, mais fier et plein de courage : « Mon Père, je veux bien mourir! » dit-il. Puis, se ravisant, il ajoute : « Non, je n'ai pas encore assez souffert pour le mériter. » Parole sublime, bien digne d'un breton chrétien !

Dans son rapport à M. le comte de Flavigny, le Père de Bengy raconte ainsi une scène touchante : « Au Grand-Hôtel, je fus obligé de renoncer à voir fréquemment un pauvre jeune soldat de la ligne, assez grièvement blessé, et près duquel, pendant un assez long temps, j'avais été forcé de remplir les fonctions d'infirmier. Le cher enfant exigeant, en quelque sorte, de moi tous les services dont il avait besoin, je fus obligé de renoncer à lui faire de fréquentes visites, dans la crainte d'abréger sa vie. La reconnaissance, dont il était pénétré, lui donnait des crises de sensibilité nerveuse. Au son de ma voix, il sortait de sa léthargie, se prenait à pleurer, répétait incessamment ces deux seules paroles : « Mon Père, mon Père! » enlaçait ses bras autour de mon cou et refusait de me laisser aller. Plusieurs fois je fus obligé de travailler à l'endormir pour m'arracher à ses chères étreintes. »

En terminant son rapport au comte de Flavigny, le

P. de Bengy remerciait le *Comité de secours* de lui avoir
donné l'occasion d'être utile à la cause de Dieu, pendant
les six mois qui s'étaient écoulés. Il demandait une seule
récompense. Laquelle ? Celle d'être rappelé, au jour de
la revanche, pour avoir occasion de se dévouer encore au
soulagement et au salut de nos armées.

Mais Dieu en avait décidé autrement : il réservait au
P. de Bengy la couronne et la palme du martyre. Dans
la nuit du lundi au mardi saint, 4 avril, la maison des
PP. Jésuites de la rue Lhomond, dite *école de Sainte-
Geneviève*, fut cernée par les gardes nationaux au service de la Commune de Paris. A cinq heures du matin,
huit Pères, quatre Frères et sept domestiques étaient
emmenés à la Préfecture de police et traînés en prison.
La liste des otages fut dressée. Le tour du P. de Bengy
venu : « Anatole de Bengy ! » cria le citoyen Garreau,
chef de bataillon, qui présidait à la mise sous verrous
des victimes. « Anatole de Bengy! c'est bien, voilà un
nom à vous faire couper le cou. — Oh! j'espère, répond le Père sans s'émouvoir, que vous ne me ferez pas
couper le cou à cause de mon nom.

— Et quel est votre âge?

— Quarante-sept ans.

— Vous avez assez vécu. »

Il avait *assez vécu*, en effet, pour mériter la couronne
des saints. Ne semble-t-il pas cependant qu'un tel homme
méritait aussi de trouver grâce devant les séides de la
Commune? Mais non, il devait mourir. Comme l'avait
dit le P. Olivaint, l'un des compagnons de sa captivité
et de sa mort, « il fallait à la France ce qu'il fallait au
monde entier, le rachat par le sang, non par le sang
des coupables qui se perd dans le sol et reste muet et

infécond, mais celui des justes qui crie au ciel, con-
jurant la justice et invoquant la miséricorde. »

Le vendredi, 26 mai, vers six heures du soir, le
charitable aumônier de nos armées en Crimée et dans la
guerre de Prusse, terminait, par un glorieux martyre,
sa vie d'abnégation et de dévouement....

« Alors il se passa dans la Cité-Vincennes, une dernière
scène absolument indescriptible, non pas une exécution,
mais une tuerie. On ne fusillait pas, on massacrait; et
les odieuses femmes en firent presque autant que les
hommes. Sans pouvoir rien distinguer, on entendait tout
à la fois, les détonations multipliées des révolvers domi-
nant le pétillement des chassepots, les vociférations des
bourreaux et les gémissements des victimes. Le grand
tumulte dura environ un quart d'heure. Assez longtemps
on s'acharne même sur les morts; enfin, après les avoir
pillés et déchirés à plaisir, on les précipite à tout hasard
dans l'ignoble caveau, et, sans remords, on va laver
le sang, dont on a les mains teintes, dans tous les ruis-
seaux de Ménilmontant et de Belleville.

» Oh! notre Père, qui êtes dans les cieux, *pardon-
nez-leur, car ils ne savent ce qu'ils font*[1]? »

LES SOEURS DE CHARITÉ A L'ARMÉE

Le dévouement des Filles de Saint-Vincent de Paul est
tellement connu et admiré qu'il semblerait inutile de le
rappeler; nous croyons toutefois que nos lecteurs liront
avec plaisir les lignes suivantes que nous empruntons à un

[1] Le P. A. de Ponlevoy : *Actes de la captivité et de la mort des RR.
PP. Olivaint, Ducoudray, Caubert, Clerc, de Bengy, de la Compagnie
de Jésus.* — Pieux ouvrage écrit avec le cœur, et dont on ne saurait trop
recommander la lecture.

journal peu suspect de partialité envers les congrégations religieuses, au *Gaulois* :

« On raconte qu'une Sœur de Charité, venant de panser un soldat, a eu les deux jambes emportées par un boulet de canon. Quelques journaux de l'Est ajoutent de courts détails à ce simple mais admirable fait divers.

» C'était à Reischoffen ; une jeune religieuse suivait nos troupes battant en retraite. Tout à coup elle s'arrête. Un soldat vient de tomber, elle a entendu un cri. Un instant après, elle était auprès du blessé qu'elle soigne et qu'elle console.

» Son saint travail est fini, et, le doigt au front, elle ébauche un signe de croix aussitôt interrompu....

» Un boulet de canon arrive qui lui emporte les deux jambes, et elle tombe mourante sur le blessé.

» Son nom, qui le dira ? qui peut le dire ? elle n'en a pas. C'est une Sœur de Charité. Ces vaillantes femmes sont le plus souvent des filles du peuple, des pauvres soignant et consolant des pauvres ; mais combien de fois aussi ce sont des filles de haut rang qui renoncent à la dentelle pour la robe de bure, à leurs joyaux pour le chapelet noir et le christ de cuivre.

» Le rang, le nom lui-même a disparu ; il ne reste plus que la Sœur de Charité, c'est-à-dire la femme la plus noble et la plus élevée de l'ordre social et l'expression la plus touchante du christianisme. »

SŒUR SAINTE-CLAIRE

Pauvre sœur Sainte-Claire ! je la vois encore avec son grand voile noir doublé de bleu, foulant la paille sanglante de notre ambulance ; insensible au canon qui grondait, à l'incendie des dernières maisons du village qui projetait ses lueurs sinistres sur nos visages mâles. Mais comme elle entendait la moindre plainte, le moindre soupir échappé à l'un de nous !

Partout et à tous en même temps ! Quelle force Dieu avait mise dans ce petit corps ! On ne l'avait pas encore vue qu'on sentait déjà devant ses lèvres la boisson rafraîchissante qu'on n'avait même pas le courage de demander. On entr'ouvrait des yeux appesantis par la fièvre, et l'on voyait ce visage fin et sympathique, un peu marqué par la petite vérole, mais si souriant, si tranquille, si résolu en même temps, qu'on oubliait et sa souffrance, et les Prussiens, dont la fusillade éclatait à quelques pas, et l'incendie qui menaçait à chaque instant de dévorer la grange qui nous servait d'asile. Bonne Sœur, devant Dieu où vous êtes maintenant, victime de votre cœur et de votre foi, vous devez entendre les actions de grâces et les prières de ceux qui, vivants, se souviendront éternellement de vous, et qui, morts, vous ont dû de s'endormir du dernier sommeil avec calme, avec espérance !

C'était le 16 août, le soir d'une de ces batailles que l'histoire aura à enregistrer comme une des plus sanglantes ; les blessés arrivaient en foule. On déposait dans une grange de Rezonville tous ceux que l'intensité de leurs souffrances empêchait de transporter plus loin : les premiers bras que l'on voyait tendus vers soi, c'étaient ceux de cette petite femme noire, le sourire aux lèvres, les larmes dans les yeux : à deux pas du champ de bataille et de l'énervement de la lutte. A deux pas de la place boueuse et sanglante où l'on avait cru mourir comme tant d'autres, quel soulagement immédiat que celui de cette charité, qui panse à la fois et vos blessures et surtout votre anéantissement moral !

Pauvre Sœur, pour puiser l'eau que cinquante voix déchirantes réclamaient à chaque instant, il fallait aller sous la mitraille, et toutes les cinq minutes vous sortiez avec vos deux bidons, et vous rentriez aussi sereine, aussi tranquille, que si Dieu vous avait faite invulnérable.

Le lendemain, notre armée si vaillante, qui venait, pendant quinze heures, de lutter contre des forces triples, après avoir couché sur le champ de bataille, se repliait sur Metz. On évacuait toutes les ambulances à la hâte, car l'armée prussienne, qui n'avait pu entamer aucune de nos positions de la veille, nous suivait pas à pas.

Les blessés enlevés précipitamment s'encombraient dans les fourgons et sur les cacolets.

Que de cris, que de douleurs, que de souffrances! Et pourtant, pauvre Sœur, vous trouviez moyen, vous qui pendant quarante-huit heures n'aviez pas eu une seconde de repos, d'aller d'un bout à l'autre de cette sinistre colonne, d'apporter à l'un une goutte d'eau, à l'autre une bonne parole, de soulever de vos petits bras cette tête qui s'incline, de replacer dans une position moins pénible ce malheureux amputé de la veille et qui dans une heure peut-être sera mort! Puis, vous êtes partie sur le dernier cacolet.

Hélas! à peine une demi-lieue plus loin, une balle venait vous frapper, soutenant encore contre votre poitrine le blessé placé de l'autre côté. Un escadron de uhlans coupait notre ambulance et nous faisait prisonniers.

Pauvre Sœur, c'est par nos ennemis qu'a été creusée la fosse où vous dormez maintenant, au milieu de ceux à qui vous avez prodigué les trésors de votre âme. Et, de ceux qui survivent, aucun probablement ne saura jamais quelle était cette petite trinitaire qui avait nom en Dieu *sœur Sainte-Claire*, ce rêve de charité entrevu au milieu d'une longue nuit d'agonie.

Vous reposez obscurément dans un sillon perdu de la Lorraine, mais votre souvenir restera vivant jusqu'au dernier jour dans les cœurs que vous avez soulagés !

EDOUARD GRIMBLOT.

—

L'Univers termine par ces lignes quelques belles réflexions sur l'avenir de la France :

« .... A travers ses oublis, il y a une chose que le peuple de France n'a pas oubliée. Il a donné à Dieu des prêtres, Dieu lui a donné des soldats. Il a bâti à Dieu des temples, Dieu lui gardera son territoire. Par ses missionnaires, plus qu'un autre peuple, il a voulu conquérir à Dieu des nations, Dieu lui rendra des victoires. Non, non, le peuple dont les fils et les filles même se répandent sur toute la surface de la terre pour agrandir l'empire du Christ, ne sera pas jeté en proie à cette louve prussienne qui ne veut que s'agrandir elle-même. Son Romulus fut un voleur d'églises ; son César ne sera qu'un Augustule. Berlin ne deviendra pas la nouvelle Rome. Rome est faite ailleurs, et la France se retrouve. Quelle que soit l'épreuve, la France se retrouvera tout entière, et l'épée victorieuse du Franc, sortie de l'ignoble fourreau philosophique et véritablement prussien où l'avait enfermée Voltaire, dérouillée dans cette lutte et resplendissant de son ancien éclat, s'étendra sur le roi pacifique du monde promis à Jésus-Christ. »

—

BEAUREGARD. — Les Frères des écoles chrétiennes, les enfants du B. de La Salle, ont un magnifique pension-

nat à Beauregard, près de Thionville et près de la gare
du chemin de fer. Ces bons Frères mettent à la disposition
du gouvernement tout leur bâtiment avec dépendances,
500 lits, plus 250 pour les malades et blessés, et 25
Frères pour les soigner.

Ces bons Frères se vengent noblement des injures qu'on
ne leur a pas ménagées depuis des années.

Vraiment les enfants du B. de La Salle, les meilleurs
éducateurs du peuple, avec les bonnes religieuses, sont
de véritables Français en *actes*, et non pas en paroles
seulement !...

—

PARIS. — Les élèves des maisons de la Légion d'honneur sont employés chaque jour, à tour de rôle, à faire de
la charpie pour le pansement des blessés.

Le *Figaro* raconte, à ce propos, un fait touchant dont
il a eu connaissance par un ancien chirurgien-major de
l'armée d'Italie. Ce chirurgien trouvait souvent, paraît-il,
en pansant les blessés, divers objets de piété cachés dans
les bandes. C'était tantôt un chapelet et parfois un billet :
« A telle heure, tous les jours, je prierai pour vous. » Ou
bien : « Je communierai tous les vendredis pendant un
mois, pour les pauvres blessés. »

—

PARIS. — Un vénérable prêtre de nos amis est salué
l'autre jour dans la rue de Vaugirard par deux soldats ; il
s'approche de celui qui avait pris l'initiative et lui donne
une petite croix. « Et moi ! dit l'autre aussitôt. — Voici
la vôtre, mon ami. » Le don fut accompagné de quelques
paroles pieuses, et les deux soldats sautèrent au cou du
prêtre.

Les sentiments religieux dont nos soldats ont fait preuve pendant le siége de Sébastopol se montrent de nouveau dans tous les rangs de l'armée. C'est à nous, catholiques, de les développer et de les satisfaire.

—

LE MANS. — On nous racontait dernièrement que, s'arrêtant dans la gare du Mans, une escouade de jeunes soldats de la Bretagne disaient à un voyageur : « Priez pour nous qui allons mourir pour vous. » Un monsieur, peu clérical et esprit fort, semblait ne pas comprendre cette supplication de la foi. Un soldat, lui frappant sur l'épaule, accentua d'une manière énergique sa chrétienne demande : « Oui, bourgeois, priez pour nous qui allons mourir pour vous ! » Et le bourgeois cessa pourtant de rire.

—

METZ. — Un jeune soldat écrivait de Metz, le 24 juillet : « Je viens d'entendre la messe, et j'ai fait la sainte communion. Nous partons demain matin à deux heures, sans doute pour aller au feu. Vous avez toujours été bon pour moi, voilà pourquoi j'ose vous demander de prier pour moi, à vous, à votre dame et à vos enfants. Peut-être que dans quelques jours je serai mort ; mais nous sommes tous disposés à mourir en bons chrétiens. Depuis que je vous ai quitté, je couche sur la terre ; nous sommes campés dans une plaine près de Metz. Je n'ai pas peur de mourir, mais je pense au salut de mon âme ; adieu donc. Si nous ne nous revoyons pas sur la terre, rendez-vous dans la vraie patrie. Vive la France ! »

—

THIONVILLE. — Nos soldats sont admirables ; toute

la journée l'église ne se désemplit pas. Nous en avons vu
des centaines s'approcher du *saint tribunal de pénitence*
pour se réconcilier avec le Dieu des armées, et entre
autres un colonel.

Toute la journée, ces braves militaires vont à la sacristie
chercher des médailles, des chapelets, des scapulaires
bénits. Nous avons évalué à plus de 2,000 le nombre de
ceux que nous avons vus prier à l'église de Thionville,
vendredi dernier.

—

PRIONS ET ESPÉRONS

« 19 août 1870.

» .... Quelles émotions ! quelle anxiété ! Je ne trouve
de consolation qu'en Dieu ; mais là, j'en trouve beaucoup.
Oh ! oui, Dieu nous frappe et nous humilie ; et cependant,
ces coups qui nous paraissent si durs à supporter, ne nous
est-il pas facile de les voir dirigés par une miséricorde infinie? N'est-ce pas cette grande œuvre toute divine de la
sanctification des âmes qui marche vers son but? Et, en
effet, cette France, qu'entraînait, il y a quelques jours
encore, ce torrent de luxe et de plaisirs, la voilà aujourd'hui
dans la prière ; son or qu'elle prodiguait d'une manière aussi
insensée que frivole, le voilà employé en œuvres de charité.
Et nos braves, insoucieux peut-être de leur âme, les voilà
la plupart préparés à une mort héroïque par une bonne
confession. Tous ces dévouements, ces sacrifices qui ont
réveillé au fond des cœurs la foi et les sentiments catholiques.... ô mon Dieu ! tout ce bien, c'est votre miséricorde
qui l'a fait.

» Nos larmes, nos angoisses, notre sang, c'est une grande
expiation, un grand cri qui arrive au cœur de Dieu. Nous

vaincrons ; nous combattons le .protestantisme et la démo-
cratie athée qui veulent régner au milieu de nous. Marie prie
avec nous, nous garde et nous protége ; nous vaincrons.
Oh ! quel est le cœur catholique et français qui peut craindre
que la sainte Vierge abandonne cette France qui lui est
consacrée, la France son héritage ?

» Prions, prions ensemble et espérons.

» Je me réfugie dans ces pensées, je m'y fortifie, je m'y
console.... et j'y trouve le courage de supporter les douleurs de notre malheureuse patrie. » T. DE C. »

—

Pie IX aime tous ses enfants, et en cela il imite le divin
Maître ; mais il a des préférences pour la France.

« Les Français ont tant fait pour moi, ils m'ont témoi-
gné tant d'amour et de dévouement, non pas seulement
en paroles, mais en faits, que je les aime et que je suis
obligé de prier chaque jour pour eux à la messe. »

Telles ont été, écrit-on de Rome, les paroles du Pape
à l'Emporium.

Un de nos amis, qui a eu le bonheur de voir avant-
hier Sa Sainteté, me rapporte qu'Elle a répété plusieurs
fois avec un ton d'indicible amour :

« *Povera Francia ! povera Francia !* »

Que de larmes et quelle tendre douleur dans ces mots
de notre Père !

A l'Emporium, où il vient de faire une visite, Pie IX
aurait dit à peu près ceci :

« Je m'impose le chagrin de parcourir les mauvais journaux d'Italie et aussi de France (et il en a cité plusieurs).
Je remarque des feuilles à images où sont exposées des
caricatures horribles. Dans les unes comme dans les autres,

tout est mis en ridicule, présenté sous les couleurs du
mensonge et de la calomnie. Les souverains se laissent vi-
lipender, couvrir de fange; il n'en est pas un qui sache se
dérober aux traits de la haine et de la méchanceté des sec-
taires. Ils ont appelé cela donner la liberté!... »

Si ce ne sont pas les propres paroles du Pape, c'en est
du moins le sens, me dit-on. Quelle vérité d'ailleurs dans
cet aperçu de la situation! Et comme les souverains se sont
faits les complices de leur ruine!...

—

L'église de Notre-Dame des Victoires à Paris est littéralement pleine de personnes en prières. On se croirait à l'approche d'une grande fête. Les hommes y sont en aussi
grand nombre que les femmes et les enfants. Le recueille-
ment est profond, et l'on se sent pénétré par une douce
atmosphère de prières au sein de laquelle l'âme se dilate et
monte, humblement et suppliante, vers la source de la justice et de la miséricorde. Qu'on le sache bien : c'est d'ici
que part la force qui va centupler l'héroïsme de nos enfants. C'est ici, comme au temps de sainte Clotilde, de
Jeanne d'Arc et de saint Louis, que Dieu fait alliance avec
son peuple.

Un chroniqueur parisien dit, dans une Revue hebdoma-
daire : « Pour décharger mon cœur, j'entre dans une
église. De nombreux fidèles y priaient. Je m'agenouille près
d'une femme en deuil et qui avait deux petits enfants, un
garçon et une fille à ses côtés. Les petits enfants avaient les
mains croisées et regardaient l'autel. Leur mère, se pen-
chant vers eux et rapprochant doucement leurs deux petites
têtes près de ses lèvres, murmura : « Mes petits enfants,
dites avec moi : Mon Dieu, protégez papa qui est à l'armée,

ainsi que tous nos pauvres soldats. » Et les enfants, avec une émotion pleine de grâce, répétèrent cette courte mais touchante prière. Que toutes les mères imitent cette pieuse femme, qu'elles fassent prier leurs petits enfants, et nous obtiendrons le secours de Dieu. »

IV

Dévouement d'un père.

« On parle beaucoup de l'amour, du dévouement maternel; mais jusqu'où ne peut point aller aussi le dévouement d'un père? Tout à l'heure, en rentrant chez moi, je rencontrai un brave ouvrier qui, depuis plusieurs années déjà, a passé la cinquantaine. Deux petites larmes refoulées apparaissaient encore derrière ses paupières, et le sourire était sur ses lèvres. Sa barbe était fraîchement faite, sa tenue était irréprochable : il y avait quelque chose de jeune et de martial dans sa tournure. « Eh bien, père, où donc allez-vous comme ça? — Je vais trouver le général. — Et pourquoi faire?—Que voulez-vous? R..., comme vous le savez, est pris par la mobile; sa femme ne fait que pleurer. Il n'est pas fort du tout, il n'a jamais su tenir un fusil. Pour moi, je suis robuste; je ne ferai plus faute à personne : je vais voir si je puis partir à sa place! » O guerre, tu nous fais bien du mal; mais il te fallait vraiment pour montrer à tous ce que la France possède encore de grandeur et d'héroïsme. Non, non, ne désespérons pas de notre chère patrie. »

TRAIT DE GÉNÉROSITÉ

C'était dans l'une de nos grandes cités du Midi : une noble dame avait un jeune fils qu'elle aimait tendrement. C'était un fils unique. Faible et délicat, il semblait pouvoir, sans déshonneur, se dispenser de partir pour la guerre. Une tante, qui l'aimait aussi, plus douée que cette mère des dons de la fortune, vient un jour la trouver : « Mon cher neveu, lui dit-elle, ne doit pas partir; il n'est point assez fort. Il faut, à quelque prix que ce soit, lui trouver un remplaçant. Voilà 30,000 francs que je mets pour cela à ta disposition; je puis le faire, grâce à Dieu, et je m'en réjouis.

— Je te remercie beaucoup, ma bonne sœur, lui répond la mère, mais je ne puis accepter ton offre; mon fils partira, c'est décidé, il est assez fort. Il faut qu'il fasse lui aussi son devoir de soldat. »

La tante eut beau insister, tout fut inutile. « Eh bien, dit-elle enfin, tu as raison, qu'il parte; mais j'avais fait le sacrifice de cette somme, je ne puis la reprendre; je vais donc la porter au *Comité de Secours* pour nos malheureux blessés. »

La somme reçut en effet sur-le-champ cette destination. Quant au jeune homme, il partit, fit bravement son devoir de soldat, et revint sans blessures au foyer maternel. Les prières de la mère et la charité de la tante avaient protégé ses jours.

V

La Vendée.

Le 15 août, soixante mille Vendéens et Bretons du Morbihan, de la Loire-Inférieure et de la Vendée ont assisté aux offices religieux et communié aux chefs-lieux de leurs cantons respectifs.

Ces hommes sont des volontaires.

Ils sont partis tous pour Nantes dans la journée, et on compte parmi eux des hommes de cinquante ans et davantage qui ont fait le coup de fusil pour la duchesse de Berry.

Détail curieux et touchant : là où les églises étaient trop restreintes, on a improvisé des autels dans les forêts.

Conscrits, mobiles et volontaires, après avoir livré à Dieu l'hommage de leurs pensées, sont partis aux cris de : « Vive la France! vive la patrie! mort à l'étranger! »

—

La catholique Vendée ne pouvait voir, sans frémir, le sol français souillé par la Prusse protestante. Aussi vient-elle de se soulever en masse contre l'invasion étrangère. Une lettre que nous avons sous les yeux, dit un journal peu sympathique parfois au catholicisme, évalue à près de *cinquante mille* les volontaires qui sont partis de ce seul coin de la France et parmi eux se trouvent jusqu'à des vieillards de soixante-dix ans. » Ils se sont mis en marche, après avoir entendu la messe et fait bénir leurs armes par le curé. Les bourgs entiers offraient, paraît-il, le plus imposant coup d'œil. Les églises étant trop petites dans beaucoup d'en-

droits, la messe fut dite en plein air, au milieu d'un immense concours des populations. N'est-ce pas admirable ?
admirable aussi l'empressement de ces braves militaires,
de ces francs-tireurs, de ces pompiers, etc., qui accourent
au premier appel ou d'eux-mêmes du fond de leurs pro-
vinces, pour voler à la frontière ou défendre la capitale ?
Dieu soit béni, qu'il y ait encore en France tant de bons et
vaillants cœurs !

VI

Le soldat marseillais.

Notre-Dame de la Garde, n'abandonne jamais ses enfants : de près ou de loin, sa protection maternelle les
suit partout. Le fait suivant confirme une fois de plus la
confiance illimitée que les Marseillais ont placée en celle
qu'ils appellent si bien *la bonne Mère*.

Un sous-officier du 36ᵉ de ligne écrit du théâtre de la
guerre à sa famille, que s'il est encore en vie, il le doit à
l'intervention de Celle qui est terrible comme une armée
rangée en bataille. « Avant de m'élancer dans la mêlée,
écrit ce noble enfant de Marseille, je me recommandai à
Notre-Dame de la Garde, je lui promis de faire brûler un
cierge à son autel, si je revenais sain et sauf du combat.
Sur trente sous-officiers qui composaient notre bataillon,
nous sommes restés six, et je suis du nombre, malgré
les balles nombreuses qui ne cessaient de siffler autour
de moi. »

On se figure avec quel empressement la pieuse famille
B... s'est hâtée d'accomplir le vœu d'un soldat si digne de
la patrie qui lui a donné le jour.

VII

Oh ! qu'il fait bon prier le grand saint Joseph !

Dans une communauté de Toulouse, une fervente religieuse s'agenouillait chaque jour, depuis le commencement de la guerre, devant la statue de saint Joseph, et lui adressait avec une confiance sereine de ferventes prières en faveur d'un militaire, son frère, qui était aux avant-postes de l'armée et qui allait inévitablement présenter un des premiers sa poitrine au feu de l'ennemi.

Les premiers combats, qui furent, on le sait, de glorieuses défaites pour la France, jetèrent en effet l'officier *recommandé* au milieu de ce déluge de projectiles meurtriers que l'ennemi, très-supérieur par le nombre, vomissait sur nos intrépides bataillons. Les parents étaient dans des transes mortelles, un silence lugubre succédant aux fréquentes lettres jusque-là régulièrement envoyées.

La bonne religieuse partageait l'inquiétude générale; toutefois, elle ne se sentait pas ébranlée dans son espoir obstiné. Quelques jours après, les bureaux officiels annoncèrent qu'il n'y avait plus rien à attendre : le combattant avait été tué.

Le deuil était dans tous les cœurs, lorsque le messager de la poste se présenta le lendemain au matin, déposant une lettre que personne n'attendait plus, — la religieuse exceptée. — L'officier n'était pas mort; c'était lui qui avait écrit ces lignes qu'on effaçait à force de baisers et de larmes.

Après avoir eu ses deux chevaux tués, le cher combat-

tant était resté lui-même étendu sur le champ de bataille,
percé de deux balles, et dans la retraite précipitée des
troupes françaises, il y avait été laissé pour mort. Le lendemain, un curé du voisinage se rendit, en bon pasteur,
sur le champ de carnage, dans l'espérance de sauver quelqu'un de la mort parmi ces morts. Il aperçoit l'officier tout
ensanglanté, mais respirant encore. Il prend le blessé dans
ses bras et le porte dans sa demeure, où il ne cesse de
verser sur ses plaies l'huile et le baume de son dévouement. Voilà ce que l'on venait d'apprendre, et l'on recevait
de plus l'assurance que toutes ses blessures, quoique graves,
étaient, de leur nature, facilement guérissables.

VIII

Respect à nos cloches.

Vers l'époque de nos premiers désastres, certains patriotes trop exaltés proposèrent sérieusement de fondre des
canons avec les cloches de nos églises. Un de nos amis
met très-bien en lumière le côté inepte et odieux de cette
étrange proposition. Nous aimons à rappeler ici cet article
du *Courrier de la Gironde*, tout à la fois piquant, judi-
cieux et plein de grâce.

« La parodie de 93 va toujours son train. Il est écrit
que nous n'échapperons à aucune mesure du siècle dernier.
Nos hommes de progrès l'ont décidé ainsi. Tous ces pré-
tendus patriotes peuvent être comparés à des singes em-
paillés qui, après avoir passé quatre-vingts ans dans une
vitrine, rentreraient tout à coup en possession de leurs
facultés naturelles en vertu d'un pouvoir original.

» Ne voilà-t-il pas maintenant qu'il est question de fondre des canons avec des cloches. Il n'y a donc pas de bornes à l'idiotisme. Parce qu'il y a bientôt un siècle , à une époque où l'industrie métallurgique était dans les limbes, la France qui manquait de tout, de mines , de fourneaux , d'outillage, d'ouvriers, et qui était pressée de s'armer, a fondu des canons avec des cloches, il n'en faut pas davantage pour que les perruques à trois marteaux de la démagogie , s'imaginent qu'il nous faut fondre aussi des canons avec des cloches.

» Mais , vénérables momies , veuillez bien considérer que , depuis quatre-vingts ans , il a passé beaucoup d'eau sous les ponts ; que, grâce au progrès industriel, ce qui était le *nec plus ultra* dans ces jours d'un autre âge, est devenu une vieillerie puérile ; que par les canons d'acier fondu qui courent , les canons de cloche ont cessé d'avoir beau jeu ; que cette opération de fondre un canon, si grosse au bon temps jadis, est devenue aujourd'hui simple comme bonjour; que l'on fond à peu près des canons partout, et que la matière est justement ce qui manque le moins.

» En conséquence, veuillez donc, si vous nous en croyez, passer à un autre exercice. Si vous tenez absolument à être ridicules , les moyens ne vous manqueront pas , ils abondent. Vous avez le maximum , les certificats de civisme , les gilets à la Robespierre, les habits à queue de morue, et une infinité d'imaginations de cette sorte, toutes plus propres les unes que les autres à sauver la patrie et dont le détail deviendrait trop long.

» Quant aux cloches, nous demandons grâce pour elles. Elles sont bien dans leurs clochers, et nous souhaitons qu'on les y laisse. Elles tiennent dans l'enseignement de l'amour du pays une place qui ne manque pas d'importance, et contribuent dans une proportion qui n'est pas mince à ouvrir notre intelligence aux inspirations du patriotisme.

» Quel est le cœur qui n'est point ému en rentrant au pays après une certaine absence, au son de la cloche de sa ville ou de son village? Quelle est la brebis humaine égarée rentrant au bercail, qui n'a pas doucement tressailli en entendant cette voix lointaine, avant-coureur de toutes les voix amies qui feront tout à l'heure autour d'elle un concert de joie et d'effusion?

» Hélas! bien des vides cruels se sont faits! Que de chères affections ont disparu! Que de bras manquent pour envelopper le voyageur de leurs caresses! Mais la cloche parle, et il semble que tous les êtres qui ne sont plus, sortent de l'éternelle demeure et accourent à ce tendre rendez-vous. Ce son argentin, c'est tout un monde de souvenirs qui s'éveille; c'est notre enfance doucement bercée; c'est notre jeunesse, notre gaieté, le vieux père, la vieille mère, les courses folles dans la prairie, le beau temps des illusions dorées, c'est enfin le retour de tous les sentiments qui attendrissent le cœur et font aimer la vie.

» Ne touchons pas aux cloches. Les cloches sont comme les vieux amis qui ne se remplacent pas. Fondre une cloche c'est briser un faisceau de ces liens mystérieux qui nous rattachent au pays et au foyer qui nous a vu naître. C'est porter la main sur une sainte chose. C'est un sacrilège. Nous demandons que l'on respecte nos cloches.

» Quelques membres du clergé ont cru devoir obtempérer aux réquisitions fantaisistes d'énergumènes stupides, en offrant de livrer leurs cloches. Qu'ils nous permettent de leur dire que c'est une autre manière de bénir les arbres de la liberté, et voilà tout. C'est une faiblesse et non du patriotisme. L'intérêt de la patrie n'a rien à y gagner, celui de la foi et de l'Église encore moins. »

IX

Notre-Dame de Pitié dans l'église d'Ambronay. — Les braves Bretons. — Les jeunes mobiles de Redon. — Les Sœurs de Charité de Nevers.

Le dimanche 11 septembre, Mgr de Langalerie, évêque de Belley, a béni dans sa cathédrale le drapeau du 1er bataillon de la mobile de l'Ain.

Après avoir rappelé, par une allusion, le fait dont ce drapeau avait été l'objet à la gare des Brotteaux, et la cérémonie de la bénédiction du drapeau des mobiles de Bourg, en ce moment devant l'ennemi, le prélat poursuit son allocution en faisant remarquer la coïncidence de la bénédiction du drapeau avec la fête du jour, celle du saint Nom de Marie.

Il rappelle l'invasion de l'Autriche et le siége de Vienne par les musulmans il y a deux siècles, la défaite de la multitude des ennemis par la petite armée du brave et pieux Sobieski, et l'institution de la fête du saint Nom de Marie en mémoire de ce grand événement qui sauva l'Europe chrétienne tout entière : le zélé prélat termine par le récit suivant :

« Voici une autre preuve de la protection de Marie qui se rattache à notre fête. Ce n'est pas une histoire pour laquelle il faille remonter à deux siècles : c'est une histoire d'hier, d'aujourd'hui, pour ainsi dire ; elle concerne des compatriotes, des enfants de ce département, et même de

l'arrondissement. Deux jeunes gens d'Ambronay en sont
les témoins et les héros.

» Au terrible combat de Reischoffen, si malheureux
pour nous et si glorieux cependant pour nos soldats, deux
cavaliers se rencontrèrent dans la retraite; ils se reconnais-
sent; ils ne s'étaient pas vus depuis longtemps; ils étaient
tous les deux d'Ambronay. « Tiens! te voilà? dit l'un d'eux
à son compagnon. Es-tu sans blessure? Comment as-tu fait
pour échapper sain et sauf à ce terrible combat? — J'ai
pensé tout le temps de la bataille à Notre-Dame de Pitié,
répondit le camarade. (Notre-Dame de Pitié est le titre d'une
chapelle de dévotion à Marie dans l'église d'Ambronay.) —
Eh bien, moi j'en ai fait autant, » reprit l'autre; et ils
se félicitèrent mutuellement d'avoir pu, sous la protection
de Marie, conserver leur vie pour la mettre de nouveau au
service du pays et de la France. C'est l'un d'eux qui a écrit
ces détails à sa famille.

» Vous voyez, mes enfants, que ce jour consacré à Marie
doit nous inspirer une confiance spéciale dans la bénédiction
de votre drapeau.

» Vous voyez qu'il fait bon regarder Marie comme la pa-
tronne de la France, et la protectrice et la mère de tous les
chrétiens.

» Ah! pourquoi tout le monde ne fait-il pas comme ces
chers jeunes gens dont je vous ai raconté l'histoire? Pourquoi tout le monde n'imite-t-il pas la foi et la piété de
Sobieski? »

——

Nous avons déjà parlé de l'excellente tenue et de
l'énergie militaire que montrent les gardes nationaux mobiles de province venus à Paris. Nous avons été particu-

lièrement touchés du bon ordre et de l'esprit de discipline qui signalent les bataillons de Bretagne et de Vendée.

Il semble que ces braves Bretons aient voulu nous ranimer par le rude aspect de leur force et de leur simplicité. Ces braves enfants sont venus, jouant du *biniou* au lieu de trompette, portant ostensiblement sur leur poitrine la médaille de Notre-Dame d'Auray, si vénérée par toute la Bretagne, et en outre accompagnés d'aumôniers qui partagent leurs fatigues, qui ont fait route avec eux, et avec eux feront campagne.

Nosseigneurs les évêques ont compris qu'il fallait à chaque régiment, à chaque bataillon, ce commandant spirituel dont la prédication fortifie et soutient les âmes de façon à relever l'héroïsme qui ne sauvera la patrie que s'il est sacré par la foi.

Nous ne doutons pas que, dans tous les départements où la garde mobile sera appelée à faire campagne, la même sollicitude n'assure cet approvisionnement spirituel dont nos soldats se montrent toujours avides, et dont ils sentent mieux encore la nécessité lorsqu'ils sont à la veillée des armes.

En vérité, c'est bien le moins qu'à de braves cœurs qui nous offrent si largement leur sang, nous donnions toutes les facilités de conquérir le ciel.

« Notre bonne ville de Redon, écrit-on, vient d'avoir, depuis quinze jours, un bien édifiant spectacle sous les yeux. Les jeunes gardes mobiles de l'arrondissement réunis ont fait preuve d'une foi et d'une piété admirables qui ont ravi tout le monde, et qui méritent d'être connues.

» Dans le collège de Saint-Sauveur, mis par les PP. Eudistes à la disposition de la petite armée, une pieuse pensée avait inspiré au R. P. Supérieur de faire chaque soir une petite réunion dans la chapelle du collége. C'est là que nous avons vu ces braves jeunes gens remplir la vaste chapelle et prier de tout leur cœur. La foule des assistants n'a pas cessé un seul jour d'être considérable : plus d'une heure même avant le commencement de la cérémonie, on se ménageait des places.

» Après la prière dite en commun et le chant d'un cantique, un des Pères faisait une courte instruction, puis on donnait le salut solennel du Très-Saint Sacrement ; enfin le chant du *De profundis* pour le repos de l'âme de nos soldats morts glorieusement sur le champ de bataille terminait la cérémonie. C'était saisissant, et l'âme se sentait émue à la vue de ces hommes qui demain peut-être donneront leur sang pour la France, et au souvenir de ceux qui sont déjà tombés frappés par les balles ennemies.

» Cette affluence n'était pas, croyez-le bien, une vaine curiosité. C'est la foi qui amenait ces jeunes gens au pied de l'autel, car on ne va pas à confesse quand on n'a pas la foi ; et chaque jour, les derniers jours surtout, les confessions ont été nombreuses; elles ont été édifiantes et pleines de consolations pour ceux qui ont eu la joie de les entendre. Beaucoup aussi sont venus à la table sainte recevoir le Pain des forts qui doit les soutenir durant la lutte, et leur apporter au cœur plus d'une suave consolation. Dire le nombre de scapulaires, de médailles et de chapelets qui ont été distribués serait impossible. Dieu seul le sait. Lui seul aussi saura récompenser dignement tant de générosité et de foi. »

—

« Plusieurs hôpitaux sont confiés aux Sœurs de Nevers dans les départements occupés par l'ennemi ; elles sont restées courageusement à leur poste, et, grâce à Dieu, elles n'ont pas eu jusqu'à présent sujet de s'en repentir. Leur dévouement infatigable pour les fugitifs, les malades et les blessés, leur mérite partout la reconnaissance de nos populations éprouvées et le respect même des abominables Prussiens. Ceux-ci ne les ont nulle part molestées, et une lettre de la Supérieure de la Ferté-sous-Jouarre nous apprend que dans cette ville ils n'ont pour elles et ses compagnes que de bons procédés. Il est vrai qu'ils ont besoin, pour leurs nombreux blessés, des soins doublement charitables qui leur sont prodigués, malgré la répulsion qu'ils inspirent, par ces mains angéliques et françaises.

» Quand on est une faible femme et qu'on tient à un trésor mille fois plus précieux que tous ceux de la terre, ne pas fuir, au milieu de la panique générale devant de pareils ennemis, c'est déjà fort méritoire ; mais aller spontanément au-devant du danger, et l'affronter sans y être aucunement obligé, l'est sans doute encore davantage. C'est une gloire pourtant que se procurent actuellement, après tant d'autres, nos dignes Sœurs de Nevers. »

X

Le clergé français et les Prussiens.

On ne connaît pas suffisamment les violences que certains corps prussiens commettent contre les prêtres et les églises.

Le curé d'une paroisse voisine de Paris a écrit que, dans son presbytère, dans son église, rien n'avait été respecté : ornements sacrés, tabernacle, etc., tout avait été brisé, saccagé, foulé aux pieds.

Ailleurs, les vêtements sacerdotaux avaient servi, entre les mains de ces misérables, aux plus sacriléges parodies.

Les traits suivants ont été cités par plusieurs journaux.

Un jour, au début de la guerre, les Prussiens manifestent l'intention de mettre l'église de Sarreguemines dans l'état où ils ont mis la célèbre église de Marienthal (Bas-Rhin), et de s'attaquer d'abord à l'image de la sainte Vierge.

Ils se présentèrent chez M. Muller, curé-archiprêtre de Sarreguemines, pour lui demander la clef de l'église, sous prétexte d'y faire leur office. M. Muller est tolérant et Alsacien, mais avant tout il est catholique et Français : il chercha à leur faire comprendre l'inconvenance de leur demande. On discuta longtemps, puis....

« Monsieur le curé, nous sommes fatigués de tout cet état de choses, nous sommes fatigués de vos hésitations et de vos refus. Sachez-le bien, nous sommes les vainqueurs, tout nous appartient ; si vous ne nous donnez pas la clef, nous la prendrons de force, et....

— Messieurs, je vous comprends ; dans une exécution militaire, combien de balles tirez-vous sur le soldat condamné à mort ?

— Huit et le coup de grâce.

— Eh bien ! messieurs, avant d'entrer dans mon église et de la profaner, vous me tirerez huit balles et vous me donnerez le coup de grâce, puis vous pourrez entrer en passant sur mon corps. »

Les Prussiens, furieux, se retirèrent en prononçant leur *Francosen ko of* (mauvaise tête de Français).

M. Jacobs, curé-archiprêtre de Faulquemont (Moselle), est sommé aussi par un Prussien de remettre les clefs de son église : il refuse. On insiste : peine inutile. On lui commande de se présenter chez le major.

M. Jacobs, un homme à la tête vénérable, se présente devant le soldat major Fritz de Wilhem.

« Curé, tu vas donner immédiatement la clef, ou....

— Major, un mot :

» Il est dit dans l'histoire de la Grèce qu'à la bataille de Salamine, un Athénien saisit un vaisseau avec la main droite. Quand cette main fut coupée, il le saisit de la main gauche; quand celle-là fut coupée, il le saisit avec les dents, et retint le vaisseau jusqu'à ce qu'il eût été tué.

» Je ferai de même avec les clefs : je les garderai avec la main droite. Si elle est coupée, je les prendrai de la gauche; si elle est coupée, je les retiendrai avec les dents jusqu'à la mort.

» Choisissez : je reste dans la possession de mon église, ou vous me tuerez. »

Le major, rouge de colère, se promenait de long en large à travers la chambre, faisait résonner le plancher avec ses éperons, le frappait avec son sabre, se cramponnait après le mur, regardait le plafond en furieux. Rien n'y fit. M. Jacobs restait impassible. A la fin, le major lui dit :

« Allez ! vous êtes un bon Français. »

XI

M. de Cathelineau et ses volontaires.

« Vous me demandez des renseignements exacts sur M. de Cathelineau et son corps de Vendéens dont je fais partie.

» Né pour commander, d'une taille au-dessus de la moyenne, bien proportionné, M. de Cathelineau a une vraie tête de soldat.

» Autrefois blond ardent, aujourd'hui blond grisonnant; avec sa barbe à la Henri IV, c'est la vraie belle et large figure d'un zouave de Crimée, le cachet de l'homme du monde en plus et une puissance de regard extraordinaire. Cependant son regard est habituellement doux et bon. M. de Cathelineau est, du reste, toujours bienveillant, malgré son caractère vif et son habitude de ne pas répéter deux fois les choses.

» C'est bien le général qui use le moins de galons. Feutre noir avec plumes noires, veste courte, ceinture bleue, un cœur rouge sur la poitrine, vêtement entièrement noir; voilà le costume de notre chef.

» Comme arme offensive, sa tabatière; sa canne, avec laquelle, dit-il, il n'a jamais eu peur d'un honnête homme. Voilà ses armes, en route ou au feu.

» Inutile de vous dire qu'au feu il est là, le premier à nous regarder faire sans se douter qu'il est une cible vivante. On le croirait sourd, car il est de ceux qui ne saluent pas les balles. Leur sifflement ou le ronflement de l'obus le laissent impassible.

» Dans tous les cas, il n'a pas froid aux yeux, et il a du flair, tant il sait deviner les moindres mouvements et les moindres intentions de l'ennemi. Il nous a plusieurs fois tous sauvés, mais d'une façon remarquable, alors que, non par sa faute, nous étions cernés.

» Il est très-apprécié des généraux, il a toute notre confiance. Avec lui nous ne doutons de rien, rien ne nous étonne, nous savons qu'il s'en tire toujours, quelque critique que soit la position.

» Sa famille est avec lui; son fils Henri, jeune gars de dix-sept ans, je crois, est maintenant sous-officier. J'espère bien qu'on le fera sous-lieutenant, il le mérite. Souvent, je l'ai trouvé couché dans la paille, pêle-mêle avec mes hommes, ou bien rôdant pour chercher de quoi mettre sous la dent, avec ce petit air qui me rappelle le *Quœrens quem devoret*. C'est vous dire qu'il ne retire pas grand profit d'être le fils du général.

» Mme de Cathelineau est avec nous et organise les ambulances.

» Craignant de lui déplaire, je n'ose pas trop en parler; mais quelle bonté, quelle abnégation, quel dévouement! que de consolations elle a données! que de malheureux elle a secourus dans les longues marches!

» D'un caractère à ne pas aimer à aller tourner autour de mes chefs ni de personnes influentes, je n'ai eu que deux fois l'honneur de parler à Mme de Cathelineau; mais ce que je vous en dis est bien la vérité : elle a beau se cacher, nous savons tout le bien qu'elle fait. Prisonnière une fois, elle n'en continue pas moins la noble tâche qu'elle s'est imposée, et, au moment du danger, elle est là, prête à recevoir le premier blessé. Elle a pour auxiliaires nos quatre aumôniers qui tous ont fait leurs preuves, allant chercher les blessés, même sous le feu des Prussiens, les confessant ou les emportant sur leurs épaules, à travers la mitraille.

» Maintenant, je ne puis trop vous parler de chacun des nôtres. Nous avons des pères de famille qui sont venus avec leurs fils, tels que M. Loiret; nous en avons qui sont grand'pères, tels que le brave capitaine de Raissy, que j'ai pourtant toujours vu à la tête de sa compagnie, pendant les 1,200 lieues que nous avons faites en marches et contre-marches. Nous avons le *vieux Bayard*, c'est le nom qui convient à M. de Puységur, commandant de l'état-major du général, vrai père de ses soldats, donnant son cheval pour y faire monter un homme fatigué, et cela très-souvent. D'une bravoure sans égale, c'est un de ces hommes dont les balles ne veulent pas; il paraît en être fâché, car il prétend que mourir pour son pays c'est mourir dans les bras de Dieu.

» Chez nous, depuis le général jusqu'au simple soldat, après le service on oublie les grades, nous sommes tous amis ou camarades. Tous les matins, nous faisons la prière à l'appel, ainsi que le soir. En route, c'est avant le départ; en présence de l'ennemi, c'est avant de commencer le feu. La prière est courte, et se termine en demandant à Dieu d'avoir pitié de notre pauvre France.

» Le dimanche, on va à la messe, si c'est possible. Le général y va avec sa garde et ceux qui veulent y aller; il ne force personne. Voilà, mon cher, l'exacte vérité sur notre général et son corps de volontaires. Nous avons été éprouvés et nous avons perdu de bien nobles cœurs; mais, d'un autre côté, chaque jour nos vides se comblent, et c'est par prudence que je n'ose dire le chiffre de notre effectif à la reprise des hostilités; nous les désirons, car nous sommes de ceux qui aimons mieux nous faire tuer que d'assister au déshonneur ou à l'agonie de notre pays, alors qu'il nous reste encore des cartouches.

» Recevez, etc.

> » Votre dévoué,
> » DE CALAVON. »

XII

Aveu du Petit Moniteur.

« Au moment de ces luttes tragiques dont la France
est en ce moment le théâtre, on voit surgir de ces contrastes
qui parlent eux-mêmes, au cœur et à l'esprit, mieux que
ne le feraient les phrases les plus éloquentes du monde.
Ainsi, tandis que dans quelques villes du Midi on persécute
les corporations religieuses et qu'on pérore dans les clubs
sur les utopies les plus extravagantes, à l'armée de la Loire
M. de Cathelineau et ses Vendéens se battent comme des
lions, et le lendemain de la victoire, M. de Cathelineau
se rend à l'église pour entendre la messe, s'avance vers
l'autel, et là, levant son épée, il s'écrie d'une voix émue :
Tout pour Dieu et pour la patrie !
   « Nous ne croyons pas nous compromettre en affir-
mant que, dans l'état présent de la France envahie, l'attitude prise par M. de Cathelineau est peut-être préfé-
rable à celle de tous les thersites du jour. »

UN AVEU DU FIGARO.

« Si cette vanité pouvait jamais nous venir d'assimiler
l'inutile et obscur labeur que nous faisons ici, à l'œuvre
éclatante et indiscontinue de charité, d'immolation, d'humilité et de vaillance que le clergé français, depuis l'évêque
envoyant ses séminaristes au feu jusqu'au Frère ignorantin
ramassant les blessés sous la mitraille, accomplit à cette
heure pour le salut corporel et spirituel de cette géné-

ration qui l'abreuve encore de tant d'outrages et de per-
sécutions, ce qui se passe autour de nous dans la presse
nous rappellerait bien vite à la modestie et au remords.

» Nous parlions d'exemples et de compensations : c'est
de consolation et d'enthousiasme qu'il faut se sentir pénétré devant ces soldats du Christ, aussi intrépides, aussi
résignés et, dans tous les cas, bien moins récompensés
que ceux qu'ils accompagnent sur le champ de bataille,
et à qui leur mort aussi bien que leur parole enseigne à
mourir.

» Demandez aux Prussiens ce qu'ils pensent de nos
aumôniers et de nos Frères des écoles, et si leurs mi-
nistres protestants, qui ne savent, comme les nôtres,
faire que des conférences, leur inspirent cette admiration
et ce respect dont ils leur ont donné tant de preuves, et
qu'ils s'étonnent à bon droit de ne pas trouver dans
certains de nos journaux !

» Demandez aux maires libres-penseurs ou athées qui
ferment les écoles, proscrivent les Sœurs et décrochent
les crucifix, ce que le concours de ce clergé qu'ils in-
sultent leur vaut — et ils vous le diront s'ils sont sin-
cères, — de facilités pour leur propre tâche, de conciliation dans les esprits, de soulagement pour les misères
de leurs administrés. Par un dernier reste de mauvaise
éducation, de scrupules politiques, de fausse honte peut-
être, ils s'efforcent de maintenir une barrière que la population enfin désabusée, toujours reconnaissante, renverse sous leurs propres yeux ; mais plusieurs déjà parmi
eux ne nient plus l'évidence et s'offrent d'eux-mêmes à
la besogne d'apaisement. »

XIII

Le général de Sonis.

Nous voudrions pouvoir donner à nos lecteurs des nouvelles de cet héroïque général de Sonis qui, plus réellement que les grands parleurs républicains, avait fait « un pacte avec la victoire ou la mort. » Malheureusement, nous ignorons encore si cette noble existence et cette vaillante épée seront conservées à la patrie. Mais quel que soit, à cet égard, le décret de Dieu, nous croyons remplir un devoir en révélant quelques-uns des traits caractéristiques de cette haute individualité militaire.

Comme Trochu, comme Ducrot, comme d'Aurelles de Paladines, comme Charette, Cathelineau et tant d'autres, braves parmi les plus braves, le général de Sonis appartient à la France croyante, chrétienne, catholique ; et ce ne sera pas une des moindres gloires de la présente lutte que d'avoir montré, à la face du monde, cette féconde et magnifique alliance de la foi et du patriotisme.

Un de nos amis veut bien nous communiquer la note suivante :

« Le général Gaston de Sonis appartient à la Guienne. Son père était commandant de place à Libourne. Lui-même suivit fort jeune la carrière des armes ; c'est à Saint-Cyr qu'il fit ses études militaires. Entré d'abord dans la cavalerie, il était depuis quinze ans en Afrique. Au commencement de l'année 1869, étant lieutenant-colonel et commandant du cercle de Laghouat, il dispersa, avec 450 hommes, près de 5,000 Arabes marocains rebelles,

6

ce qui mit fin au soulèvement. A la suite de ce brillant fait d'armes, il fut fait colonel, et, placé à la tête de la subdivision d'Aumale, il remplissait ainsi les fonctions de général, lorsque au mois d'octobre dernier il fut nommé général de brigade.

» A l'époque de la guerre d'Italie, il prit part à la campagne, et eut un cheval tué sous lui dans une charge à la tête de l'escadron qu'il commandait. Vingt-trois hommes seulement se retrouvèrent après cette charge, et il se releva presque seul du champ de bataille, à travers le feu de deux carrés autrichiens, sans avoir été blessé. » C'est, disait-il avec foi, c'est la sainte Vierge qui m'a protégé. »

» Lors de la déclaration de guerre à la Prusse, il demanda un commandement ; mais comme il possède à fond la langue arabe, chose précieuse pour traiter avec les chefs, sa demande ne fut pas agréée. Cependant la guerre prenant des proportions alarmantes, il télégraphia à Tours qu'il voulait marcher à l'ennemi, dût-il quitter les épaulettes et se faire simple soldat. C'est alors qu'il a été nommé général de division et commandant du 17e corps.

» Maintenant que vous connaissez un peu le soldat, voici l'homme privé et le chrétien. Il s'est marié fort jeune, avec la fille de M. Roger, notaire à Castres (Tarn). Il n'a que quarante-six ans, et il est père de dix enfants, qu'il élève dans ses fermes principes de chrétien fidèle.

» Trois de ses fils sont soldats. Le plus jeune n'a pas seize ans ; l'aîné, fait prisonnier à la frontière, s'est évadé et s'est réfugié dans la citadelle de Bitche, où il lutta vaillamment contre l'envahisseur.

» Le général de Sonis a toujours placé la religion au premier rang, au-dessus de tout. Catholique fervent, d'une piété angélique, il prend part à toutes les bonnes œuvres. Il vint, l'an dernier, à Bordeaux, et ses amis ont pu goûter le charme de sa conversation. Plein de distinction et de noblesse, d'un abord doux, modeste à l'excès, tout en lui captive et attache. Il confia à un de ses amis qu'en venant à Bordeaux, il avait voulu faire le pèlerinage de Notre-Dame de Lourdes. Il l'a fait et y a laissé sa croix d'officier. Il avait déposé sa croix de chevalier à Notre-Dame des Victoires, à Paris. Il me semble encore le voir humblement agenouillé par terre et communiant dans la chapelle des Carmes, à cinq heures du matin.

» La dernière lettre qu'il écrivait d'Aumale, le 1er novembre dernier, porte l'empreinte d'une profonde tristesse ; on ne peut en faire la lecture sans en être attendri.

» Il disait :

« Lorsque Dieu se mêle de donner des leçons, il les » donne en maître. Rien ne manque à celle que la » France reçoit en ce moment.

» J'ai télégraphié à Tours pour marcher à l'ennemi ; » je ne veux, à aucun prix, rester ici... Plutôt mourir » les armes à la main, en soldat ! »

» Et plus loin, après des considérations sur les hommes qui ont perdu la France :

« Pour nous, ne parlons pas ; mais demandons à Dieu » qu'il ne nous quitte pas, et de nous faire la grâce de » savoir mourir comme un chrétien doit finir, les armes à » la main, les yeux au ciel, la poitrine en face de l'en-» nemi, en criant : Vive la France ! »

» Et plus loin encore :

« En partant pour l'armée, *je me condamne à mort,* » Dieu me fera grâce, s'il le veut ; mais *je l'aurai tous les*

» jours dans ma poitrine , et vous savez bien que Dieu
» ne capitule jamais , jamais ! »

» Ainsi parlent, ainsi combattent, ainsi meurent les
héros chrétiens. Ils *se condamnent à mort* pour le salut
de la patrie, parce qu'ils voient au delà de « l'étoile »
de M. Gambetta, la véritable vie, le véritable bonheur,
la véritable immortalité.

» Le général de Sonis n'a pas besoin, pour lui-même,
que « Dieu lui fasse grâce ; » sa foi et ses combats
l'ont mûri , avant l'âge, pour la gloire et pour l'éternité ;
mais pour sa famille, pour ses amis, pour nos généra-
tions, dont il personnifie et idéalise, en quelque sorte,
les vertus renaissantes, Dieu , nous l'espérons ardemment, le laissera longtemps encore parmi nous. »

P.-S. — Au dernier moment, nous recevons des nouvelles relativement excellentes du général de Sonis et du
colonel de Charette, tous deux en liberté à Loigny.

M. de Sonis a supporté l'amputation avec une fermeté qui donne les meilleures espérances, et M. de
Charette recommence à marcher, en s'appuyant sur « deux
bâtons de tentes. »

XIV

Un fils des preux qui tombe « la tête haute et la poitrine
en avant. »

Voici un fils des preux qui tombe « la tête haute et
la poitrine en avant » comme sont toujours tombés ceux
de sa race pour la défense de la France. Le jeune Just
de La Tour Maubourg (un nom célèbre entre tous les

noms fidèles et dévoués) a été tué à la bataille de Montargis, le cœur percé par une balle prussienne. On nous communique la lettre suivante que ce vaillant enfant adressait, il y a quelques jours, à ses parents. Cette page intime, où déborde le sentiment de la famille et du devoir nous dispense de tout éloge. Le panégyrique de cette innocente et noble victime s'y trouve éloquemment tracé à chaque ligne, à chaque phrase, à chaque mot :

« En vous quittant hier, cher papa, j'étais trop ému pour vous faire un adieu comme je l'aurais voulu.

» Nous ne partons qu'à midi, et j'ai le temps de vous écrire un mot. Laissez-moi vous dire une fois de plus, cher papa, combien je vous aime, vous, maman et Annecy.

» Autant je suis fier d'aller défendre mon pays, autant je suis navré de vous quitter ; mais soyez sûrs, quoi qu'il arrive et où que je sois, que je me souviendrai du nom que je porte et de ce que les miens ont su faire avant moi.

» Dieu, en qui j'ai mis toute ma confiance, me protègera, j'en suis convaincu, et, avant peu de temps, je pourrai vous embrasser encore.

» Si cependant je devais succomber, vous n'aurez pas à rougir de votre fils, je saurai tomber la tête haute et la poitrine en avant. Je m'en sens le courage, et ce sera sans terreur de la mort ; car je vous le jure ici, vous pouvez être assuré qu'avant d'aller au feu j'aurai réglé mes comptes avec Dieu.

» Ne vous attristez pas maintenant, cher papa, de ce que je dis là. Au lendemain de notre séparation, mon cœur déborde malgré moi. Mais dans le fait, il s'affirme de plus en plus que nous ne marcherons pas avant deux ou trois semaines, et d'ici là, bien des choses peuvent se passer. Au revoir donc, cher et adoré père, chère mère et chère sœur ! Je ne crois pas vous avoir fait souvent de la peine, mais je vous demande pardon ici de tous les petits chagrins que j'ai pu vous causer à tous. Pardon aussi de cette lettre que je n'aurais pas dû vous écrire; mais je n'ai pu m'empêcher de le faire.

» Au revoir, chers parents; je vous embrasse du fond de mon cœur, aussi bien que tous les miens.

» Votre fils chéri,

» Just de La Tour Maubourg. »

UN TOUCHANT ÉPISODE DU SIÉGE DE METZ.

Le dimanche 27 août 1871, à la messe de midi, dans l'église Sainte-Geneviève à Paris, l'un des chapelains, ancien aumônier de l'armée, a rappelé un souvenir de Metz, qui a vivement ému l'auditoire.

« C'était le 18 août 1870 au soir; l'heure avançait et le jour commençait à baisser. Deux fois déjà nous avions dû changer de place à notre ambulance, pour essayer de la mettre à l'abri des éclats d'obus et de la mitraille. Nos derniers blessés allaient prendre le chemin du village de Châtel-Saint-Germain, et nous nous apprêtions à les suivre, lorsque nous vîmes arriver un sergent du 60e de ligne dont le bras avait été broyé par un éclat d'obus. Il venait du champ de bataille seul, et il marchait d'un pas ferme, supportant d'une main son bras cassé, qui ne tenait que par un lambeau de chair et par un fragment d'étoffe. « Qu'on l'emmène au village avec les autres, » dit notre médecin-major en le voyant arriver. J'intercédai pour qu'on lui appliquât de suite un premier pansement.

« Docteur, je vous en prie, voyez quelle horrible blessure, et il est venu seul, à pied, du champ de bataille. — Eh bien, mon cher abbé, dit aussitôt le major, voulez-vous m'aider à le tenir, et quoiqu'il se fasse tard, nous allons le tirer d'embarras ? » Nous le fîmes asseoir un peu, à l'abri, contre le talus. M. Allaire, avec la merveilleuse dextérité qui le distingue, eut vite fait de rectifier la blessure, de scier les pointes de l'os brisé, et il acheva de détacher le bras. Le sergent était admirable d'énergie, me regardant fixement, car M. Allaire lui avait défendu de tourner la tête de son côté. Quand tout fut fini, nous lui mîmes sur ses épaules sa capote en glorieux lambeaux. Il refusa de prendre place sur un cacolet : « Si le village est à dix minutes, j'irai bien à pied. — Je vais vous conduire à travers la prairie et vous mettre sur le chemin, » lui dis-je en le prenant par son bras restant. A peine avions-nous fait quelques pas qu'il s'arrêta : un obus venait à quelques pas d'enfoncer un caisson, tuant un cheval et blessant deux hommes. Jusqu'à ce moment, la douleur avait été si vive qu'il ne s'était point aperçu de l'effroyable canonnade qui nous couvrait de projectiles. « Est-ce qu'ils en voudraient à mon autre bras ? s'écria-t-il en tournant ses regards vers la ferme de Moscou que l'artillerie prussienne battait avec fureur. — Quel beau soldat vous êtes ! lui dis-je avec admiration, quelle force et quel courage vous avez ! » L'héroïque soldat tira alors de sa poche un petit livre tout couvert de sang versé pour la patrie : « Voilà, monsieur l'aumônier, dit-il, ce qui me donne la force et le courage. » C'était l'*Imitation de Jésus-Christ*.

« Assez d'autres ont combattu et sont tombés en héros ; l'histoire ne dira pas leurs noms et la postérité ne saura pas leur gloire: pourquoi ne pas sauver de l'oubli un de ces obscurs héros du 14, du 16 et du 18 août? Il s'appelait André Saboul, sergent au 60ᵉ de ligne. »

XV

Une lettre de Sa Sainteté Pie IX à Mgr l'archevêque de Tours.

PIE IX, PAPE.

« Vénérable Frère, salut et bénédiction apostolique.

» Malgré la situation douloureuse rendue chaque jour plus grave et plus dure, où la malice des hommes nous a réduit, nous et ce Siége apostolique, il ne nous est pas possible d'oublier les malheurs et les calamités dont la France est en ce moment si cruellement affligée.

» Plein du souvenir des marques éclatantes de dévouement et d'affection filiale que cette généreuse nation nous a prodiguées en toute circonstance et jusque dans nos plus grandes tribulations, nous avons prié ardemment le Dieu des miséricordes de nous faire connaître comment nous pourrions nous acquitter un peu envers elle de la dette de notre reconnaissance pour ses importants services, et par quel genre de soulagement il nous serait possible de lui venir en aide dans ses épreuves.

» En agitant cette pensée dont notre cœur a été vivement préoccupé, nous sommes demeuré persuadé qu'il n'y avait pas pour nous de moyen plus opportun et plus efficace de témoigner notre gratitude à cette grande nation catholique, que de tenter, sous l'impulsion de notre charité paternelle, de l'amener à des conseils de paix et de la faire rentrer au sein d'une heureuse et parfaite tranquillité.

» Plaise à Dieu, Vénérable Frère, qu'il soit donné à notre humble personne de réaliser une œuvre si salutaire et si universellement désirée par les hommes sages ? Nos actions de grâces envers la divine Bonté n'auraient pas de bornes, si elle daignait se servir de notre ministère et de notre coopération pour procurer à la France un si grand bien.

» Mais pour atteindre ce but si désiré et pouvoir au gré de nos vœux faire cesser de trop longues et de trop cruelles calamités, il est nécessaire que les esprits s'ouvrent avec docilité aux vues de notre paternelle sollicitude, et que, mettant de côté toute animosité réciproque, on en vienne de part et d'autre au sentiment de la concorde et d'une mutuelle confiance.

» Et qui donc pourrait ôter au Vicaire de Jésus-Christ l'espérance de voir un vœu si légitime pleinement accompli, et, par suite, une partie si considérable de l'Europe rendue au calme de la paix ?

» Voilà pourquoi nous nous sommes adressé à vous, Vénérable Frère, qui êtes l'évêque titulaire de la ville même où réside une partie des chefs du gouvernement, chargés de présider aux destinées de la France.

» Nous vous exhortons, aussi instamment qu'il nous est possible, à vous charger auprès des chefs de ce gouvernement, avec tout le zèle pastoral qui vous distingue, d'une affaire si urgente et d'un si haut intérêt.

» Nous avons aussi la confiance que vos collègues dans l'épiscopat uniront leurs efforts aux vôtres, et vous seconderont avec ardeur dans une cause si digne de leur caractère et de leur vertu, où il s'agit d'un éminent

7

service à rendre aussi bien à la religion qu'à la patrie.

» Mettez-vous donc à l'œuvre sans retard, Vénérable Frère; employez la persuasion auprès des hommes, recourez à la prière auprès de Dieu, enflammez, en vous joignant à eux, le zèle déjà si vif et si bien connu des évêques vos frères. Nous avons, de notre côté, la ferme assurance que Dieu donnera la force à vos paroles, et, qu'avec son secours, les cœurs reviendront à leur générosité naturelle, et que, par amour pour le bien public, ils ne refuseront pas d'entrer dans nos vues et de seconder nos désirs.

» Et ici, Vénérable Frère, il est une prière et une exhortation que nous sommes obligé, avec tout le zèle et toute la sollicitude d'une tendresse paternelle, de vous adresser devant Dieu, à vous et à tous les autres évêques de la France : c'est que vous ne manquiez pas de donner à cette noble nation dont l'adversité n'a pu diminuer le caractère héroïque ni obscurcir l'éclat d'une valeur immortalisée par tant de glorieux monuments, le prudent et sérieux conseil de ne pas prêter l'oreille aux pernicieuses doctrines qui tendent au renversement de l'ordre public, et que ne cessent de répandre et de propager dans son sein des hommes de désordre, venus chez elle sous prétexte de lui prêter le concours de leurs armes. La diffusion de ces doctrines ne peut avoir d'autre résultat que d'accroître la discorde, de multiplier les calamités et de retarder le triomphe de la saine morale et de la justice, seule et unique base cependant sur laquelle puisse s'appuyer cette illustre nation pour faire revivre l'antique honneur de ses aïeux et y ajouter les rayons d'une gloire nouvelle.

» Ce serait d'ailleurs, nous le savons, poursuivre en

vain la grande œuvre qui nous préoccupe, si notre pacifique ministère ne trouvait pas un appui suffisant et des intentions favorables auprès de la justice et de l'élévation d'esprit du prince qui, sous le rapport militaire, a obtenu de si grands avantages. Aussi, n'avons-nous pas hésité, Vénérable Frère, à nous charger du soin d'écrire une lettre sur cet objet à Sa Majesté le Roi de Prusse et de recommander avec instance à son humanité ce ministère de paix que nous voulons remplir. Nous ne pouvons sans doute rien affirmer de certain sur l'issue de notre démarche officieuse auprès de Sa Majesté. Ce qui nous donne néanmoins quelque raison d'en bien espérer, c'est que ce monarque, en d'autres circonstances, a toujours fait preuve de beaucoup de bon vouloir à notre égard.

» Vous confiant donc dans le secours d'en haut, Vénérable Frère, mettez tous vos soins à vous occuper de la grave et urgente mission qui vous est confiée ; et, en cela, vous pourrez agir avec d'autant plus de facilité et de promptitude que vous exercez dans votre demeure épiscopale les devoirs de l'hospitalité envers ceux mêmes auprès desquels vous aurez à remplir en notre nom un ministère de paix si digne de votre auguste caractère.

» Mais parce que, selon l'Ecriture, ni celui qui plante ni celui qui arrose ne sont rien, et que Dieu seul peut donner un heureux accomplissement à nos désirs, il faut, Vénérable Frère, qu'en toute humilité et confiance, prosternés devant la face de Dieu, nous sollicitions son divin Cœur, source ineffable de miséricorde et de charité, et que d'un esprit contrit et repentant, de concert avec tout le peuple fidèle, nous ne cessions pas de crier : *Epargnez, Seigneur, épargnez votre peuple.*

» En attendant ce bienfait de la miséricorde divine, par notre assiduité dans la prière, nous vous donnons très-affectueusement et du fond de notre cœur, comme augure favorable de la mission qui vous est confiée et comme gage de notre bienveillance particulière, la bénédiction apostolique à vous, Vénérable Frère, et à tous les fidèles de la catholique nation française.

» Donné à Rome, près Saint-Pierre, le 12 novembre 1870, la 25e année de notre Pontificat.

» PIE IX, PAPE. »

XVI

Lettre de Mgr l'archevêque de Tours aux membres du gouvernement de la Défense nationale.

« Messieurs,

» Je viens remplir auprès de vous une mission que le Saint-Père a daigné me confier, non point en considération de mes mérites, mais parce que les événements vous ont amenés dans ma ville épiscopale et plusieurs d'entre vous dans la maison même que j'habite. « C'est une mission sacerdotale de paix, » selon l'expression du Souverain-Pontife dans la lettre qu'il m'a fait l'honneur de m'adresser à la date du 12 de ce mois.

» Du fond de son palais du Vatican, devenu pour lui une prison, Pie IX, quelque dure que soit sa condition présente, s'occupe de nos malheurs. « Il se sou-
» vient (ce sont ses propres paroles) des grands témoi-
» gnages d'attachement filial qu'il a reçus, dans ses
» tribulations, de la généreuse nation française, et il a

prié ardemment le Dieu des miséricordes de lui faire connaître comment il pourrait s'acquitter envers elle de la dette de la reconnaissance. »

» Or il ne connaît pas pour notre pays, en ce moment, de plus grand bien que le retour de la paix.

» Déjà, aux approches de la guerre, Pie IX, profondément ému des calamités qui allaient tomber sur deux nations chrétiennes, s'était adressé aux deux souverains, pour les conjurer d'épargner ce fléau aux peuples confiés à leurs soins. Plût à Dieu que le chef de l'Eglise eût été écouté ! Notre patrie et l'humanité n'auraient pas eu à déplorer de si grands malheurs.

» Aujourd'hui, le Père commun, dont la main ne se lève que pour bénir le monde, demande avec instance la fin d'une guerre qu'il aurait voulu ne pas voir commencer. Sa Sainteté m'annonce qu'elle vient de faire parvenir ce vœu ardent de son cœur au Roi de Prusse ; elle a cru vous être agréable, Messieurs, en chargeant un évêque français d'être, en cette occasion, son interprète auprès de vous.

» La guerre, dont nous sommes depuis quatre mois les témoins et les victimes, a excité dans le monde civilisé une sorte d'effroi et de consternation. Comment le chef de cette religion chrétienne, dont le génie est le génie même de la paix, de la religion fondée par Celui qui s'est appelé « le Prince de la paix » aurait-il pu assister, sans une affliction profonde, à de si sanglants événements ? La terre de France ne lui présente plus que le spectacle de la souffrance et de la dévastation, et ses entrailles paternelles en sont déchirées.

» Jadis les puissances de l'Europe, qui formaient ce

qu'on appelait la république chrétienne, invoquaient souvent le Pape comme arbitre de leurs querelles, et l'intervention des Pontifes profitait au repos et à la pros-
périté des peuples; le Saint-Père ne se plaint pas qu'on
ait cessé de le prendre pour juge, il ne revendique que
la liberté de gémir sur nos maux et le droit de supplier
pour la vie de ses enfants.

» Quand Pie IX vous convie à la paix, ne croyez pas,
Messieurs, qu'il puisse conseiller une paix humiliante:
il aime trop la France pour ne pas aimer son honneur;
l'Eglise ne peut vouloir que sa Fille aînée soit diminuée,
et nous, évêques français, nous sommes habitués à regarder le respect et l'amour de notre pays comme une
seconde religion.

» Nous ne saurions jamais oublier qu'en France rien
n'est perdu, quand l'honneur est sauvé.

» Vous méditerez, Messieurs, sur cette pensée de paix
descendue de si haut et que j'ai été chargé de vous communiquer. Elle ne doit pas ralentir l'ardeur de notre
armée, mais l'exciter au contraire, afin d'obtenir par
d'heureux combats, s'ils sont encore nécessaires, de meilleures conditions de paix. Heureux si ma mission auprès
de vous, Messieurs, cette mission qui restera en honneur dans ma vie, pouvait répondre aux espérances du
chef de l'Eglise si pleinement d'accord avec les vœux de
l'Europe entière! Heureux encore si cet acte d'un grand
Pape, douloureusement préoccupé des malheurs des peuples
malgré ses propres malheurs, faisait naître, au profit de
ses droits indignement violés, des idées de justice et des
desseins réparateurs!

» S'il vous paraissait bon, Messieurs, de me faire
part des sentiments que pourra vous inspirer cette géné-

reuse démarche du Souverain-Pontife, je m'empresserai d'en transmettre l'expression à Sa Sainteté.

» Veuillez bien agréer, Messieurs, l'assurance de ma haute et respectueuse considération.

» ✝ HIPPOLYTE, archevêque de Tours. »

Quel langage digne, français et chrétien! Daigne le Ciel répandre d'abondantes bénédictions sur le vénérable Pontife qui vient de passer du siége de saint Martin sur le siége de saint Denis! Que ces deux grands apôtres de la France lui viennent en aide et le protégent dans un apostolat, redevenu aujourd'hui, comme jadis, une mission de dévouement et de sacrifice, où l'on rencontre souvent la couronne du martyre!

XVII

Belles appréciations de la lettre de Sa Sainteté Pie IX.

« Deux vieillards sont au moment de paraître devant Dieu : l'un dépouillé de tout sur la terre, outragé, délaissé; l'autre, spoliateur triomphant des peuples et des rois.

» Le premier, du fond de sa détresse auguste, élève la voix pour faire entendre au second, dans les hauteurs de sa puissance, le cri de la civilisation indignée et de la conscience en deuil.

» En face des gouvernements aplatis et des monarques agenouillés dans le silence de l'ingratitude ou de la peur, il était digne du souverain découronné du Vatican de prendre cette attitude magnanime et de jeter sa grande intervention morale sur le champ de ruine et de carnage, tout comme aux temps lointains où la voix respectée des Pontifes, exerçant une sorte de magistrature sur le monde, était écoutée des vieux empereurs germaniques.

» Qu'adviendra-t-il de cette noble et paternelle tentative? Le bombardeur, enivré de son étonnante fortune, s'arrêtera-t-il dans son œuvre de destruction et de haine! Entendra-t-il, ce profanateur hypocrite et entêté, qui canonne au nom de la Providence, les hôpitaux et les temples surmontés de la croix, entendra-t-il la grave parole du représentant du Dieu de concorde et de paix?

» Quoi qu'il en soit, cet acte généreux et touchant comptera parmi les plus glorieux d'un pontificat mémorable, et la France catholique en gardera le plus reconnaissant souvenir.

» En s'adressant au roi de Prusse, le Saint-Père a voulu que ses pensées d'apaisement et de conciliation parvinssent également au gouvernement de la Défense nationale, et il a choisi pour intermédiaire le vénérable archevêque de Tours, dont la demeure était alors celle d'une partie des membres du gouvernement. On a vu dans quels termes l'éminent prélat s'est acquitté de la grande mission qui lui était donnée par le Père commun. Faute de pouvoir s'entendre avec ses collègues de l'épiscopat, il a parlé seul, mais on peut dire qu'il a noblement exprimé les sentiments de tous, en associant avec dignité les inspirations de l'Evangile aux justes fiertés de l'honneur national.

» Ces deux lettres de Pie IX et de l'archevêque de Tours resteront dans les annales de la plus néfaste des guerres comme une page consolatrice et généreuse, et aussi comme le témoignage éclatant de l'alliance naturelle et trop méconnue de la foi et du patriotisme!

« En présence de la France envahie, foulée aux pieds par les armées allemandes, l'Europe reste muette. Elle assiste, l'arme au bras, à nos revers qui sont aussi les siens, quoi qu'elle puisse en croire : un avenir prochain le lui apprendra.

» Seul, un faible vieillard, un souverain dépouillé a fait entendre sa voix, pour protester contre la barbarie des vainqueurs et prendre la défense des vaincus. Cette voix c'est celle de Pie IX.

» C'est ce que rappellent heureusement les paroles suivantes :

—

LES MALHEURS DE LA FRANCE ET LES SOUVERAINETÉS EUROPÉENNES

« Il faut que la France sache que, parmi les souverains de l'Europe, un seul gémit sur nos malheurs et fait des vœux pour notre délivrance : c'est le Souverain-Pontife. Le czar se regarde comme vengé de sa défaite de Crimée; le gouvernement anglais, notre allié de 1854, jouit de nos calamités et déclare qu'il ne peut rien refuser à notre envahisseur; l'empereur d'Autriche s'occupe de se mettre en bons termes avec le nouvel empereur d'Allemagne, et le royaume d'Italie, triste ouvrage de nos mains, répond à ceux qui lui parlent de nous qu'il ne nous connaît pas. Seul, le Pape, que notre dernier gouvernement a livré à ses ennemis, attache sur nous des regards attristés, ne manque aucune occasion d'envoyer à la France envahie de paternelles et touchantes paroles, et de même que chez nous, rien n'est plus grand aujourd'hui que « les soldats du Pape, » ainsi rien n'est meilleur pour notre

patrie que ce crucifié du Vatican uniquement occupé de
nos douleurs.

» Ce spectacle est sublime au milieu des lâchetés et des
bassesses européennes. Et remarquons bien que cette attitude de Pie IX devant nos désastres n'est pas quelque chose
de particulier et de solitaire ; elle est en accord avec un
fait immense, et ce fait le voici : c'est qu'à l'heure où nous
sommes, toute âme catholique, non-seulement en France,
mais dans le monde entier, prie pour notre pays. Partout
où s'élève des autels chrétiens, sur les plages les plus loin-
taines, on invoque le secours divin en faveur de cette nation française qui a mérité le châtiment, mais qui mérite
aussi la miséricorde. On repasse ses anciens titres au respect et à l'amour, on songe à ses grandes œuvres de foi,
de dévouement et de civilisation au profit de tous les
peuples ; on n'ignore pas que, même aujourd'hui, la France
est le pays de l'univers où se rencontrent les âmes les plus
généreuses, et qui garde avec le plus d'énergie le foyer de
la vérité.

» Nous disons hardiment qu'un pays qui excite aussi
vivement l'intérêt de tout ce qu'il y a d'honnête sur la terre,
n'est pas destiné à périr, mais que, malgré la profondeur
de l'abîme où il est plongé, la Providence lui réserve de
beaux jours. Fussions-nous semblables à la vallée d'Ezé-
chiel, un souffle divin se ferait sentir pour tout ranimer et
tout rappeler à la vie. Il peut y avoir pour la France d'horribles épreuves, il n'y a pas pour elle de tombeau. Restons courageux, soyons unis, présentons aux tempêtes un
front d'airain si les tempêtes éclatent. Nous subissons l'indifférence, que dis-je ?... le mauvais vouloir des souverraine-
tés européennes, mais nous avons pour nous l'honnêteté du
monde entier. Nous nous montrerons tout à fait dignes de

cette faveur morale en nous sauvant par l'honneur et par le *droit*. »   POUJOULAT.

XVIII

Le fanion des zouaves pontificaux.

Dans les premiers jours d'octobre dernier (1870), pendant que M. de Charette préparait à Tours son organisation, il fut informé qu'une bannière, déposée dans une maison chrétienne de cette ville, lui était destinée. Cette bannière était l'ouvrage d'une religieuse de la Visitation de Paray-le-Monial ; elle l'avait brodée bien avant la guerre, et disait que des mains dévouées à la défense de la religion la porteraient au combat. Lorsqu'on sut que le corps des zouaves pontificaux allait prendre part à la lutte contre les envahisseurs de notre sol, on reconnut tout de suite en eux les combattants chrétiens qu'attendait la religieuse de Paray-le-Monial. Un rendez-vous fut donné dans une pieuse demeure de la rue Saint-Étienne, à Tours, demeure bien connue et toujours visitée ; là se réunirent M. de Charette, sa belle-mère, Mme la duchesse de Fitz-James, d'autres personnes encore, et, de ce nombre, celui qui écrit ces lignes. Le jeune colonel des zouaves pontificaux fut religieusement ému en présence de l'étendard qui portait cette inscription : « Sacré Cœur de Jésus, sauvez la France, » et sur le revers : « Saint Martin, patron de la France, priez pour nous. » Le fanion était blanc. Le matin du jour de la bataille de Patay, il avait été confié au sergent de Verthamon, de Bordeaux. Celui-ci nous avait adressé une noble lettre en partant pour aller rejoindre le corps des

zouaves, et nos lecteurs s'en souviennent sans doute. M. de
Verthamon, atteint par une balle, passa l'étendard à
Jacques de Bouillé, qui, frappé lui-même, le passa à
M. de Traversay, lequel a sauvé le fanion. L'étendard est
teint du sang de ceux qui l'ont si noblement porté. Ces
héros, écrasés par le nombre, n'ont pu être victorieux,
mais leur sang comptera beaucoup devant Dieu pour les
destinées de la France.

LES ZOUAVES PONTIFICAUX AU MANS

L'armée française occupait à Yvré-l'Evêque des positions
formidables défendues par une triple couronne d'artillerie.
En face de l'ennemi, nos troupes — *moblots et lignards* —
frappées tout à coup du plus déplorable vertige, ont, à
quelques exceptions près, fui dans toutes les directions,
jetant leurs fusils, leurs sacs, et jusqu'à des révolvers
dont les chemins étaient littéralement couverts.

Les officiers ont fait des efforts désespérés pour arrêter
la débandade. Prières, menaces, rien n'y a fait. Le témoin
de ce honteux spectacle nous dit avoir vu un officier dont
la rotule était traversée d'un coup de feu et qui se traînait
sur les mains, après avoir épuisé vainement toutes les supplications pour maintenir ses hommes dans le devoir, tirer
son révolver et, dans un accès de rage et de désespoir, le
décharger à bout portant sur ces misérables.

Les généraux Colin et Gougeard voient le danger ; la retraite de l'armée était compromise. Alors, s'avançant vers
les zouaves pontificaux en réserve, qui essaient de ramener
les fuyards au combat, ils donnent l'ordre au premier bataillon de charger l'ennemi et de reprendre les positions
perdues et l'artillerie abandonnée.

Ces volontaires pontificaux n'étaient pas 500 et n'avaient

pour tout renfort que deux compagnies de mobiles des Côtes-du-Nord, environ 250 hommes.

Il s'agissait de faire 2 kilomètres, enlever une position à pic et toujours dans la neige. « Sacs à terre, et à la baïonnette ! » s'écrie M. de Moncuit.

Ils partent en poussant un hourrah retentissant, s'avançant sous une pluie de fer et de feu, aux cris de : *Vive Dieu ! Vive la France !*

L'ennemi, effrayé de tant d'audace, recule. Les zouaves avancent toujours : bientôt ils couronnent la cime ; le combat s'engage corps à corps. Nos pièces de canon et nos mitrailleuses perdues sont reconquises. Les zouaves sont maîtres de nos positions.

C'est maintenant qu'après avoir applaudi à tant d'héroïsme, il ne reste plus qu'à pleurer nos morts !!!

Le lieutenant Justin Garnier est tombé en soulevant son képi et criant : *Vive la France !*

Un des capitaines, M. Lallemand, est entouré au fort de la mêlée ; on lui crie : *Rendez-vous !* Il répond : *Jamais !* A l'instant, son sabre est brisé par une balle. Ses camarades le délivrent.

Le combat finit avec le jour. Les troupes françaises rentrent dans les positions que les zouaves venaient d'arroser de leur sang. Les généraux ont crié : *Vivent les zouaves pontificaux ! Vous êtes les premiers soldats de France ! vous avez sauvé l'armée.*

Ces braves soldats du Pape, dont on avait tant ri, mais que la Prusse redoute et que la France admire, à cette heure, ont été de nouveau mis à l'ordre du jour de l'armée.

Pourquoi faut-il que de si nobles récompenses soient achetées au prix de tant de sang !

A côté de toutes les défaillances honteuses que nous
avons à déplorer, il faut citer ces glorieux exemples. A
une époque de tristesse profonde, d'abattement et d'éner-
vation, c'est un beau et fortifiant spectacle, que de voir
un petit groupe d'hommes, que, dans un certain camp,
on appelle réactionnaires et cléricaux, se réunir volon-
tairement dans une même pensée : *l'amour de la patrie et
sa délivrance* ; dans un même but : *combattre et mourir
pour elle.*

Honneur aux héroïques martyrs de Patay et du Mans !...

XIX

Deux femmes courageuses.

On se rappelle le triste épisode du massacre de ces infortunés prisonniers de Soissons qui, durant leur marche
pénible, avaient essayé de s'évader (novembre 1870). Le
journal le *Progrès du Nord* a raconté, à la louange de deux
femmes courageuses, leur noble conduite à la suite de ce
drame sanglant.

« Aussitôt, dit-il, que la nouvelle de la terrible scène
du bois Saint-Jean a été connue à Lille, deux femmes de
cœur se sont mises résolûment en route pour recueillir des
indications précises sur ce douloureux événement. Ne se
laissant arrêter par aucune difficulté, surmontant tous les
obstacles, bravant tous les périls, ces deux femmes, l'une
mère, l'autre sœur de deux jeunes mobiles lillois prisonniers
de la Prusse après la reddition de Soissons, ont été de
ville en ville, à travers les troupes ennemies, jusqu'au
lieu même où s'était accompli le drame sanglant.

» Parties de Lille le 23, à deux heures trente minutes de l'après-midi, elles sont arrivées à Busigny à six heures. Là, il n'y avait pas de correspondance pour Saint-Quentin; mais le chef de gare s'est empressé de faire chauffer, pour elles et quelques officiers des ambulances, un train spécial qui est arrivé à Saint-Quentin à neuf heures et demie.

» La ville était barricadée; les environs étaient déserts, les ponts coupés. Grâce aux bons soins et à l'énergie du sous-chef de gare de Busigny, qui n'avait pas voulu laisser partir seules les deux voyageuses, elles purent cependant entrer dans la ville et trouver un gîte dans un hôtel.

» Le lendemain, au point du jour, les Prussiens étaient signalés. M. Malézieux quitta un instant le conseil municipal en permanence, et donna des ordres pour qu'une voiture fut mise à la disposition des deux pauvres femmes. La gare était évacuée; les Prussiens, avec des mitrailleuses et des canons, s'avançaient par la route de Chauny que devaient prendre les voyageuses.

» La foule leur criait : N'avancez pas. Mais le cocher fouetta ses chevaux et, au galop, se dirigea dans les chemins de traverse, presque sous les yeux de l'ennemi. On atteignit enfin Chauny, où l'on ne put trouver aucun renseignement. On se mit en route pour Soissons, que l'on put enfin gagner à huit heures moins cinq minutes, au moment où on allait fermer les portes.

» Soissons était occupé par les Prussiens, qui remplissaient les hôtels. Il fallut mille démarches pour trouver une chambre et obtenir un sauf conduit. Enfin, le lendemain 24, les deux voyageuses purent continuer leur route vers Hardennes, village où s'est passé l'affreux événement.

» Là, tout vint confirmer le triste récit que nous avons publié. Les habitants du village avaient vu 4,000 prisonniers conduits par 600 Prussiens. A l'entrée du village, les malheureux captifs, dévorés par la soif, avaient demandé à boire, quelques-uns en pleurant, et ils avaient dû continuer leur route, poussés à coups de crosse et à coups de lance par leurs sauvages gardiens. Un peu après, les paysans avaient entendu des feux de peloton ; puis ils avaient vu des chevaux sans cavaliers, emportés, se dirigeant vers Soissons.

» Quelque temps après, quand la nuit fut venue, les paysans terrifiés, sous la conduite du respectable curé de Hardennes, s'aventurèrent vers le bois Saint-Jean, et organisèrent une battue dans les fourrés. Les cadavres gisaient sur la route. Ils ramassèrent les morts et les blessés, et les transportèrent à Aulchy-le-Château.

» Presque tous les morts appartenaient aux bataillons de Vervins et de Saint-Quentin. Leurs effets, tristes souvenirs, ont été conservés pour être mis à la disposition des familles.

» Nos concitoyennes, dirigées par le respectable curé dont nous avons parlé plus haut, arrivèrent à l'Hôtel-Dieu d'Aulchy-le-Château, où sept cercueils avaient été cloués et où les blessés avaient été transportés.

» Nous n'essaierons pas de dire quelles consolations ont été prodiguées aux pauvres blessés par les nobles femmes qui les visitaient. Malgré leur résistance, ils durent accepter des secours qui leur seront utiles. Du reste, les habitants avaient eu pour eux tous les soins que leur position réclamait, et les Sœurs de l'Hôtel-Dieu avaient vaillamment résisté aux Prussiens pour conserver chez elles ces blessés, que l'ennemi voulait emporter.

» Ces jeunes gens ont pu donner de bonnes nouvelles de leurs camarades. Au moment où le cri de *sauve qui peut!* a retenti, beaucoup de prisonniers se sont jetés à terre; ils ont pu ensuite prendre la fuite. Tout permet d'espérer que ceux d'entre les mobiles qui ne figurent pas parmi les listes de morts et de blessés ont pu réussir à s'échapper. Ils errent sans doute en ce moment, ou se cachent en attendant l'occasion de regagner leurs foyers. Quelle joie nous éprouvons en apportant cette nouvelle à des mères !

» Ce qui nous permet d'espérer, c'est que dimanche deux mobiles de Saint-Quentin, échappés au feu des Prussiens, arrivaient seulement dans leurs familles.

» Du reste, nous pouvons espérer que beaucoup de nos mobiles ont réussi à recouvrer leur liberté. L'escorte, qui avait continué sa marche après la fusillade du bois Saint-Jean, avait ramené à Saint-Quentin un certain nombre de prisonniers. Ils avaient été enfermés dans une église. Mais, pendant la nuit, les habitants réussirent à tromper la surveillance des gardiens ; ils apportèrent aux prisonniers des habits bourgeois, les firent sortir par une porte de la sacristie, et les conduisirent hors la ville.

» Le retour d'Aulchy à Soissons et de Soissons à Lille fut aussi périlleux que l'aller, mais le devoir était accompli ; et les ponts coupés, les fondrières ouvertes ne semblaient plus dangereux pour les vaillantes voyageuses. En quittant Soissons, elles oublièrent leur fatigue pour venir en aide à un jeune mobile, Pora, de Bouchain, et à un artilleur blessé, tous deux évadés du camp prussien, et qu'elles ne quittèrent qu'à Lille. Partout, durant cette périlleuse odyssée, elles n'ont eu qu'à se louer de tous ; elles n'ont gardé de rancune que contre le maître du buffet de

Busigny, qui, au retour, n'a pas voulu se déranger pour apporter quelque nourriture à leur cher blessé.

» On le voit, les meilleures nouvelles nous ont été apportées par les courageuses femmes que nous avons eu l'honneur de remercier ce matin, et qui ne nous ont demandé, pour prix de tant de fatigues et de dangers essuyés par elles, que de taire leurs noms. »

XX

Un digne maire de village.

Nous lisons dans la *Gazette de France* (décembre 1870) :

Un trait entre mille à insérer, dit le *Propagateur picard*, dans le Livre d'or de la nation française.

M. le vicomte d'Amécourt, président de la Société française d'archéologie et maire de Trilport (Seine-et-Marne) a manqué d'être victime de son énergie.

En homme de cœur, lorsque les Prussiens se sont rendus maîtres de Trilport, il s'est placé devant la maison d'un de ses administrés et a dit aux Prussiens :

« Je vous défends de piller ; vous me tuerez, mais il vous faudra passer sur mon corps avant de piller un seul de mes administrés. »

On arrêta M. d'Amécourt et un conseil de nos ennemis décida qu'on fusillerait cet homme courageux.

Au moment où tout le village affolé pleurait l'ami dévoué qu'on allait perdre, M. d'Amécourt demanda à l'officier prussien qu'on lui envoyât un prêtre.

Sa confession terminée, M. d'Amécourt s'agenouilla et

s'opposa à ce que ses yeux fussent bandés ; puis il attendit bravement la mort.

Mais voyant que l'officier prussien hésitait à commander le feu, il se leva et dit :

« Ne prolongez pas mon agonie ; » et il commanda lui-même le feu.

Mais les Prussiens n'écoutent que leurs chefs. L'officier s'avança vers M. d'Amécourt et lui dit :

« Nous vous faisons grâce, car vous êtes un brave. »

UN DIGNE CURÉ

On mande de Chagny :

« Je viens d'apprendre qu'au dernier combat de Nuits, un curé, au péril de sa vie, a sauvé d'une perte imminente une compagnie entière de francs-tireurs. Etablie dans un château, la compagnie allait être cernée par derrière, lorsque ce prêtre, dévoué à sa patrie, franchissant, au fort, les lignes ennemies, accourt seul, au milieu des balles prussiennes et françaises qui se répondent, parvient aux francs-tireurs, leur révèle le danger. Il n'était que temps de fuir. L'un de ces francs-tireurs, qui donnait ces détails à l'un de mes confrères, disait : « Autrefois, je détestais le prêtre.... J'étais un sot et un lâche ; maintenant je le connais !... »

UN MAIRE COURAGEUX ET BON PATRIOTE

C'était avant l'armistice.

Un commandant prussien se présente à M. Dolfus, maire de Mulhouse, pour une nouvelle réquisition en argent et une quantité considérable de ceintures de flanelle.

« Quant à l'argent, répondit M. Dolfus, il m'est tout à fait impossible de vous en donner ; mais je puis faire fa-

briquer immédiatement les ceintures et vous les livrer, je
pense, dans huit jours. »

Le commandant, irrité, somme le maire de donner
une entière satisfaction à sa demande dans les vingt-
quatre heures, sous peine de voir la ville réduite en cendres,
les canons étant braqués pour cela.

M. Dolfus portait ce jour-là, à dessein sans doute, une
décoration prussienne; voici ce qu'il répondit : « Monsieur,
j'ai accepté dans d'autres temps de votre maître cette décoration, parce que je le croyais honnête homme; aujour-
d'hui, j'ai la conviction que ne n'est qu'un chef de bri-
gands, et comme je ne veux pas souiller ma poitrine plus
longtemps, voici le cas que j'en fais. » Et, joignant le geste
à la parole, il arrache sa décoration et la foule aux pieds.

L'officier, frémissant de colère, interpelle avec violence
M. Dolfus qu'il traite de misérable et le menace de le faire
fusiller à l'instant.

M. Dolfus, avec un grand sang-froid et la dignité de ses
soixante et onze ans, découvre sa poitrine : « Frappez,
monsieur, si vous l'osez ! » Le commandant, décontenancé
devant la fermeté de ce digne et vénérable vieillard, tourna
les talons et sortit.

Lorsqu'on voulut nommer M. Dolfus député aux élec-
tions dernières, il répondit ceci : « Non, mes enfants,
j'ai trop besoin parmi vous. Votez pour un autre qui me
remplacera avantageusement là-bas; vos intérêts et mon
devoir m'obligent de rester ici. »

S'il n'y avait eu en France que des Français de cette
trempe, qui pourrait aujourd'hui lui dénier le titre de
grande nation?

APRÈS LA BATAILLE DE COULMIERS

Après la bataille de Coulmiers et de Bacon, livrée près d'Orléans (9 novembre 1870), il y eut en France une heureuse éclaircie à travers laquelle on crut voir enfin la victoire se ranger sous nos drapeaux. L'illustre évêque d'Orléans, ordonnant à son clergé des prières à l'occasion de la fête de saint Aignan, s'exprimait ainsi :

« .... L'histoire dira, Messieurs, que c'est sous les murs de notre cité que, pour la première fois depuis nos revers, la victoire, trop longtemps infidèle, est revenue sous nos drapeaux ; et de nouveau, comme autrefois, le nom d'Orléans a été associé aux espérances qui sont venues, à l'annonce de ce succès, consoler la France en détresse. Cette victoire fait le plus grand honneur à l'armée de la Loire !...

» .... Courons donc aux temples, et comme nos pères à la voix de saint Aignan, prosternons-nous dans la prière avec des larmes et des espérances. Récemment délivrés de nos ennemis, et à la veille de voir peut-être une plus grande délivrance, prions, donnons à la France entière, qui regarde avec angoisse de notre côté, l'exemple de la prière et de la confiance dans le secours céleste. Du haut du ciel, saint Aignan nous protége ! » (*Lettre pastorale* du 16 novembre 1870.)

Les feuilles publiques s'efforçaient à leur tour de ranimer nos espérances. Il nous souvient entre autres d'une belle page de M. Poujoulat, que nous avons lue à cette époque dans l'*Union*. Qu'on me permette de la rappeler dans cet ouvrage. Moins opportun aujourd'hui peut-être qu'alors, ce chrétien et patriotique langage n'en fait pas moins aimer et respecter la France, « la nation choisie. »

C'est à ce titre qu'en ce moment nous lui donnons place dans ce recueil.

QUI NOUS SAUVERA ?

« Toute âme française a cruellement souffert depuis trois mois. Cette succession de mécomptes et de défaites nous a couverts d'humiliations. Nous n'osions plus regarder les portraits de nos ancêtres ; nous n'osions plus lire l'histoire de notre pays. Il y avait une France à laquelle de longs siècles d'honneur faisaient un diadème ; elle a imprimé sur le globe d'indestructibles traces ; son nom est écrit partout où a passé l'histoire ; toutes les capitales de l'Europe se sont inclinées devant elle : les Amériques, l'Inde, l'Orient, la Chine la connaissent. Quand on parlait de notre épée, on parlait du génie de la guerre et de la certitude de la victoire. Nous n'étions pas seulement la nation la plus polie, la plus sociable, la plus brillante, mais aussi la plus redoutable. France et victoire, c'était tout un. La victoire avait en quelque sorte pris la France par la main, et l'avait conduite à travers les siècles ; elle était sa compagne, une compagne fidèle ; la victoire demeurait chez nous, elle était de notre pays et faisait partie de la grande famille française.

» Et vous croiriez que tout cela ne serait qu'un passé mort et ne reviendrait plus ? Et vous croiriez que tout serait fini parce que la bêtise aurait un moment tout compromis ? Il y a, dit-on, dans des déserts lointains, de pauvres sauvages qui, en voyant coucher le soleil, craignent toujours qu'il ne se lève plus ; mais le lendemain, l'aube blanchit l'horizon, et le soleil recommence sa course. Hommes de peu de foi, il en sera de même de notre grande France, dont la destinée peut pâlir mais non changer de-

vant Dieu et devant le monde. Ce Lazare n'était pas
mort, mais seulement endormi : l'ennemi a profité de son
sommeil pour envahir sa demeure ; mais Lazare se ré-
veille et c'est Dieu lui-même qui l'arrache aux ténèbres
de ce que l'on croyait un sépulcre.

» Cette aurore matinale d'un jour, qui sera beau,
s'est levée du côté où Jeanne d'Arc montre encore son
bras libérateur. La Providence a ses intentions, et l'histoire aime à donner des rendez-vous aux grandes choses.
La Loire est un fleuve si français, que Dieu se plaît à
relever sur ses bords les destinées de la France ; et j'en
atteste les saintes annales de notre patrie, la journée
de Coulmiers est une préface triomphale de l'œuvre de
la délivrance. D'Aurelles, Trochu, vaillantes milices de
toutes armes, le monde a l'œil sur vous et la fortune
de la France vous attend !

» Qui donc ignore qu'il n'est besoin que de frapper du
pied le sol de notre pays, pour en faire sortir des soldats? Notre terre est toujours la terre féconde, la terre
nourricière des braves ; personne ne manque à l'appel ;
les plus grands noms donnent l'exemple, et nous en
sommes fiers. Les descendants des vieilles races rajeu-
nissent leur blason en face de l'ennemi ; nul ne sait mieux
se battre, nul ne sait mieux mourir. « Dieu sauve nos
campagnes! » disait l'autre jour un jeune héros de vingt
ans en tombant à la tête de ses mobiles. Oui, Dieu est
invoqué, le Dieu qui avait fait la France si grande et
si belle, et qui lui rendra sa gloire, parce que notre nation
est, dans les temps modernes, « la nation choisie. »
Dieu est invoqué, non-seulement dans nos foyers, mais
aussi dans nos camps, et tout peuple qui prie, est déjà
à demi victorieux. Nous vaincrons, nous chasserons l'é-

tranger; nous ne courberons pas, sous la botte prussienne,
notre tête qui a rayonné de l'éclat des vieilles batailles et
de mille ans de gloire. »   POUJOULAT.

XXI

Les Vendéens de Cathelineau.

Parmi les corps d'élite qui ont vaillamment combattu
pour le salut de la France, on doit distinguer le corps de
M. de Cathelineau. A l'appel du petit-fils du brave paysan
vendéen, qui fut un héros surnommé le *saint de l'Anjou*,
la Vendée avait repris les armes, et de nombreux volontaires de l'Ouest et d'autres contrées, étaient venus se
grouper autour d'un drapeau dont la devise était : *Dieu
et la France*. Les Vendéens d'aujourd'hui, dignes de leurs
pères, ont répondu à ce qu'on avait le droit d'attendre du
vrai patriotisme fortifié et consacré par la religion. Voici
une intéressante lettre, à ce sujet, publiée dans la *Gazette
du Languedoc*.

« Les Vendéens font parler d'eux. Ils sont aux avant-
postes, ils éclairent l'armée, ils tiennent l'ennemi en respect,
enlèvent ses convois, tuent et prennent chaque jour des
hommes et des chevaux. A la hauteur du grand nom de
leurs pères, les soldats de Charette et de Cathelineau sou-
tiennent la gloire des *quatorze siècles* que M. Gambetta a
dû rappeler l'autre jour à la nouvelle France.

» J'ai eu la bonne fortune de me rencontrer avec l'aide-
de-camp de M. de Cathelineau, M. Viale, digne aide
d'un tel chef, et j'ai recueilli de sa bouche des détails
du plus vif intérêt. L'un des faits qu'il m'a contés m'a

frappé particulièrement; je veux le faire connaître au public, parce qu'il est d'une beauté grandiose, et propre, ce me semble, à éclairer certains points de la situation.

» Ces jours derniers, les Vendéens se rencontrèrent avec une troupe prussienne. Les Prussiens étaient trois mille, les Vendéens étaient cinq cents. Les deux corps se trouvaient sur deux hauteurs voisines, à huit cents mètres l'un de l'autre. Après quelques instants de délibération, les Vendéens résolurent l'attaque. Quand le signal fut donné, l'aumônier parut, et se dressant au milieu de ces hommes qui allaient jouer leur vie, « Mes enfants, leur dit-il, voici l'heure! à genoux! recommandez votre âme à Dieu! je vais vous donner l'absolution! » Et puis, d'un grand geste solennel, étendant la main au-dessus des soldats prosternés, le prêtre prononça les paroles sacramentelles : *Ego vos absolvo!* Ce fut notre Thabor, disait le narrateur; nous nous relevâmes transfigurés. « En avant, cria le chef. » Tous partirent d'un seul élan, les cavaliers ventre à terre, les fantassins au pas de course. Mais les Prussiens ne les attendirent pas; ils avaient vu le mouvement, le prosternement de tous ces hommes, la prière du prêtre, et devinant à qui ils avaient à faire, ils préférèrent décamper.

» Le souvenir leur en est resté, et partout où ils vont, leur premier soin est de demander aux paysans : *Où sont les Vendéens?*

» Moralité :

» Qu'on trouve cent mille hommes pareils aux Vendéens, et les Prussiens auront leur compte, en dépit des Bibles dont eux, au dire de M. Viale, ont soin de se munir. »

9

XXII

Une mère patriote en Anjou.

On lisait dans un numéro de décembre (1870) de la *Décentralisation* :

— Dimanche dernier, dans l'une des communes les plus voisines d'Angers, arrivait, de l'armée de la Loire et en droite ligne d'Orléans, un soldat qui s'avisait de rentrer au logis maternel, bien qu'il ne fût en réalité ni *malade* ni *blessé.*

Il était d'ailleurs exténué de fatigues, sale, et ses pieds attestaient suffisamment les longues marches qu'il s'était imposées lui-même en fuyant le combat.

Sa mère l'accueillit froidement; mais, bientôt cependant, le sentiment maternel semble devenir plus fort, et la pauvre femme, après avoir embrassé son fils, le nettoie, le fortifie et puis le met à table.

Durant le repas, cette mère inquiète, regarde, touche et examine la cartouchière de son soldat. Elle l'ouvre enfin; elle était pleine.

« Hein! dit-elle, il paraît, mon gars, que tu ne t'es guère battu? Tu as encore toutes tes cartouches? »

Le gars paraît un peu perdre contenance, mais il dévore son repas.

Le reste de l'entrevue fut glacial. Le repas fini, notre jeune homme bien lavé, bien caressé, bien restauré, se lève comme rendu à la vie.

Sa mère hésite encore un moment; puis, ne pouvant plus contenir une indignation que son cœur maternel était

impuissant à étouffer, elle présente brusquement à son
fils son fusil et tout son attirail de guerre.

« F.... moi le camp, lui dit-elle ; j'ai honte de toi,
tu n'es qu'un fuyard... Que je ne te revois pas. Il faut
que tu fasses ton devoir, mon gars.... »

Et le soldat est parti.

XXIII

Les Sœurs de la Providence de Châteaudun.

La défense héroïque de Châteaudun (Eure-et-Loire)
contre l'invasion prussienne, occupera désormais une belle
place dans les annales de cette petite cité. Les dignes Sœurs
de la Providence s'y sont distinguées, entre autres, par
des actes de dévouement et de courage qui méritent d'être
mentionnés. Ainsi voici quelques lignes extraites d'une
lettre d'un franc-tireur, publiée dans l'*Union de l'Ouest* :

« J'ai eu des nouvelles des Sœurs de la Providence de
Châteaudun. Leur maison n'est pas brûlée, une bombe a
seulement défoncé une partie du toit. Elles ont recueilli un
grand nombre d'habitants qui n'ont plus de maisons et
elles les ont nourris. Deux de ces amis, cernés par les
Prussiens, ont été sauvés. Mais le fait que je vous demande en grâce de faire insérer dans l'*Union de l'Ouest*
est celui-ci :

« Ces sauvages de Prussiens fusillaient des gardes nationaux. La supérieure, Sœur Jeanne de Chantal, s'élance
au-devant d'un fusil prussien braqué sur un des pauvres
condamnés. Le bandit la regarde et n'ose faire feu ; il était

désarmé : tant d'héroïsme accompli par une jeune femme de 25 ans l'avait pour ainsi dire abasourdi.

» Voilà le fait dans toute sa simplicité. Je suis probablement le seul qui en parlera ; c'est pour cela que je tiens à le publier ; mais, s'il le faut, j'aurai des témoins. »

XXIV

Comment sait mourir un capitaine chrétien.

On nous communique, disait l'*Avranchin*, les extraits suivants d'une lettre écrite à l'un de nos correspondants :

« Mon cher ami, je vais maintenant te raconter la mort héroïque et chrétienne d'un capitaine d'une compagnie des mobiles de Maine-et-Loire. Il se nomme M. de l'Epinay-Saint-Luc, cousin germain de M. de Cacqueray. Il a été atteint d'un éclat d'obus au côté ; se sentant mortellement blessé, il s'est fait porter à cent mètres plus loin. Là, l'aumônier est venu le confesser et lui donner la sainte communion. Mais, avant de recevoir son Dieu, il avait fait approcher ses hommes autour de lui, et leur a dit : « Mes amis, je vous ai appris à combattre ; maintenant venez tous autour de moi, afin que je vous apprenne comment on meurt en chrétien. » Puis, d'une voix mourante, mais forte encore, il a commandé : « Portez armes — présentez armes — genou terre. » Et pendant que ces braves soldats, vivement émus et fondant en larmes, présentaient les armes au Roi des rois, le chrétien qui allait mourir recevait avec bonheur le viatique de l'éternité. Après avoir reçu son Dieu, M. de l'Epinay a ajouté : « Adieu, mes amis ; en avant, au feu ! ! ! » Et, comme autrefois Bayard,

il a attendu la mort avec calme, priant Dieu de bénir sa
mère et ses six enfants que cette mort va plonger dans la
plus grande désolation. M. de l'Epinay-Saint-Luc était veuf
depuis un an; son fils aîné, élève de l'école Saint-Cyr,
est sous les murs de Paris. »

XXV

Un trait de foi digne des premiers âges chrétiens.

« Velars, petit village de la Côte-d'Or, célèbre par le
pèlerinage à Notre-Dame d'Etang, était sur le point d'être
occupé par les Prussiens. « Qu'allons-nous devenir? s'é-
criaient les habitants; notre église sera profanée par ces
protestants; la sainte Hostie se trouve dans le tabernacle,
et M. le curé est absent! O malheur!... » On se consulte,
on cherche à soustraire aux outrages la divine Eucharistie.
Enfin, on confie à un vénérable et saint vieillard l'insigne
honneur de transporter le tabernacle en lieu sûr, mais il
tremble de toucher le précieux dépôt. « Un enfant bien
sage, dit-il, le plus sage de ceux qui viennent de faire leur
première communion, portera le bon Dieu. » A l'enfant jugé
le plus pieux est confiée la mission de porter Jésus-Christ.
« Je ne suis pas digne de cette faveur! répond naïvement
l'enfant à toutes les supplications; j'ai commis des péchés
depuis ma dernière confession. » Devant ce refus énergi-
quement réitéré, on s'adresse à l'innocence la plus parfaite possible. Un enfant de quatre à cinq ans est choisi,
on le conduit à l'église; un vieillard ouvre le tabernacle,
les assistants s'inclinent!... Scène touchante! le petit ange,
soulevé au niveau de l'autel, prend entre ses petites mains

le Dieu puissant et fort, et, guidé par l'assemblée fidèle, sauve de la profanation le divin Sauveur du monde.

» Ne pourrait-on trouver un poëte pour chanter ce trait de foi, digne des premiers âges chrétiens?

» Pieux habitants de Velars, vous nous avez enseigné avec quelle pureté prêtres et fidèles doivent s'approcher de l'Eucharistie. Il faut être pur pour porter Jésus-Christ dans ses mains; ne faut-il pas être plus pur encore pour le porter dans son cœur? »

XXVI

Encore un bel acte de dévouement.

RÉCIT D'UN SOLDAT

Nous sommes du Jura tous deux, soldats au 4e bataillon de chasseurs. Nous avons été faits prisonniers à la bataille de Mouzon, et, comme les Prussiens poussaient leur marche en avant sur Sedan, on nous avait laissés en arrière, sous la garde d'un peloton de cavalerie. Nous étions cinquante-trois en tout. Après nous avoir *trimballés* deux ou trois jours du côté de Montmédy, qui est bloqué par les Prussiens, on nous amenait le soir dans un petit village de la Meuse. Nous étions très-fatigués, et nos gardiens n'étaient pas fiers, car ils n'en pouvaient plus. Pour couper court et nous surveiller plus facilement, ils imaginèrent de nous enfermer dans l'église du village, allèrent chez le curé, exigeant de lui la remise de toutes les clefs, fermèrent les portes avec accompagnement de barricades, et allèrent se coucher là-dessus.

Le curé de la paroisse leur avait demandé la permission

d'enlever le Saint-Sacrement, et il nous avait dit d'allumer des cierges pour la nuit. L'église était vieille; il y avait des chapelles du temps des seigneurs et des murailles percées de trous donnant sur l'autel, tout comme dans l'église de Pesmes, qui est près de chez nous.

Nous nous étions rangés de notre mieux sur les bancs, et je crois que je dormais déjà, sur le coup de minuit, quand j'entendis une voix qui me dit : « Chasseur! chasseur! »

Je me frotte les yeux, je regarde, et j'aperçois la tête du curé qui sortait dans l'épaisseur du mur, par un trou carré que j'avais pris pour un placard à mettre les burettes.

« Voulez-vous vous sauver des Prussiens? me dit-il.

— Certes, je crois bien! Par où passe-t-on?

— Ici. Réveillez vos camarades, laissez éclairés les cierges, et surtout pas de bruit, car les Prussiens sont tout près. »

Chacun fut bientôt sur pied. Nous voilà, l'un après l'autre, rampant dans l'ouverture de la muraille. Cette ouverture donnait sur une ancienne chapelle, dont on avait fait un entrepôt du matériel de l'église. Il y avait un vieux lutrin, des monceaux de catafalques, des chandeliers noirs et tout l'attirail des morts. La fenêtre n'avait point de barreaux, elle était assez élevée; mais une échelle, qui devait être employée au service de la treille, était là pour descendre dans le jardin du presbytère, que chacun traversa, tenant ses souliers à la main. Une petite porte nous donna bientôt sortie sur la campagne, et le curé nous dit : « Etes-vous tous là? — Oui, mon père, lui répondit un sergent. — Eh bien, mes amis, mettez vos souliers, et détalons. »

Nous suivions ce brave homme sans rien dire, et nous ne sentions plus de fatigue; le sentiment de la liberté nous donnait des ailes. Nous avions déjà marché pendant deux heures, lorsqu'il nous dit : « Vous voilà hors de danger du côté de vos gardiens; vous allez, aux premières lueurs de l'aube, apercevoir trois villages où il n'y a pas de Prussiens : vous vous partagerez, vous tâcherez d'y trouver des habits, et maintenant, bon voyage !

— Mais vous, monsieur le curé, qu'allez-vous devenir? les Prussiens seront furieux; vous vous êtes exposé pour nous ; s'ils vous trouvent, ils vous fusilleront.

— Ils ne me trouveront pas, car je ne veux pas rentrer de suite.

— Mais ils brûleront votre cure, votre église?

— Est-ce que la liberté de cinquante-trois braves soldats comme vous ne mérite pas que j'ai risqué ma cure et mon église? »

Nous étions tous attendris, nous pleurions; il nous a tous embrassés, et nous sommes partis. Oh ! le brave homme ! Et dire que des gredins accusent les curés d'avoir amené la guerre et les Prussiens ! Nous sommes tombés, nous deux, le camarade et moi, dans un village où un magnin était mort la veille : j'ai pris sans scrupule sa veste, son pantalon et son écumoire; le compère a troqué sa tunique contre un équipement de savetier, et nous sommes venus jusqu'ici sans faire beaucoup d'ouvrage, mais sans trop de danger. Nous ne risquons plus rien maintenant, nous allons déposer l'écumoire et la hotte pour tâcher de joindre Épinal et de prendre le chemin de fer de Gray.

« Oui, dit le savetier d'une voix mélancolique, il faut rentrer au pays, car le commerce ne va guère par le temps qui court. » Et d'une voix retentissante, il se leva en criant : « Souliers à refaire... souliers ! »

XXVII

Le comte de Biron.

Nous recevons, de M. Cochin, à la date du 12 janvier disait un journal, une lettre dont voici la dernière page émue et attristée :

« Le comte de Biron vient de mourir à Paris. Souffrant depuis une nuit passée au rempart, il a été enlevé presque subitement à la tendresse de sa femme, seule avec lui, loin de leurs cinq enfants. M. de Biron avait voulu revenir à Paris dès le commencement du siège, et il avait pris le fusil de garde national avec son beau-frère le duc de Fitz-James, pendant que la comtesse de Biron dirigeait nuit et jour une salle de blessés à l'ambulance de la Société de Secours.

» Aussi modeste que courageux, aussi charitable que généreux, M. de Biron partageait son temps entre ses devoirs de citoyen et la visite des familles pauvres du Gros-Caillou, dont il était depuis bien des années le bienfaiteur chrétien. Il était de ceux qui, pour prix d'un grand nom, d'une vie heureuse et d'un rang élevé dans le monde, savent ce qu'ils doivent à eux-mêmes, à leur prochain, à la patrie, à Dieu; remplissent en silence tous les devoirs, et désarment l'envie ou les injures à force de dignité simple et de constante bonté. Un intérieur incomparable brisé, des enfants orphelins sans le savoir, une vie utile et honorable éteinte avant le temps, voilà, entre tant d'autres maux, une des horreurs du siège ! Que la volonté de Dieu soit faite, et que la France soit sauvée par le prix de tant de vertus et de sacrifices ! »

XXVIII

Les Frères des Écoles chrétiennes pendant le siége de Paris.

Sous ce titre : *Les Frères des Écoles chrétiennes pendant le siége* , on lisait dans *la France* :

« A l'heure où chacun se dévoue, dans la mesure de ses forces, à la chose publique, on s'accorde généralement pour donner au soldat et au médecin la première place ; mais à côté d'eux, et dans une sphère plus modeste mais admirable, viennent se placer ces ouvriers de la charité qui accomplissent dans l'ombre et le silence leur tâche quotidienne, et savent résoudre, souvent sans s'en douter, les plus grands problèmes sociaux par la pratique de ces vertus chrétiennes qui planent au milieu de la tourmente comme un phare éclatant et radieux au-dessus des convoitises, des égoïsmes et des folies de cette société aux abois.

» Cette pensée me revenait à l'esprit l'autre jour, en visitant l'ambulance établie par les Frères de la Doctrine chrétienne dans leur maison de la rue Oudinot et annexée aux ambulances de la Presse. Il y a là plus de deux cents lits consacrés aux malades et aux blessés, et il est impossible de ne pas être vivement touché des soins admirables et de la sollicitude dont ils sont entourés. Là, comme dans toutes les ambulances de la Presse où les Frères font le service d'infirmiers, j'ai été frappé de l'intelligence avec laquelle ils apprennent en quelques jours à panser, à soigner les malades, et à organiser un service d'ambulance.

» L'établissement de la rue Oudinot, avant les derniers

combats livrés sous Paris, n'était destiné qu'à des fiévreux,
comme disent les médecins, lorsque tout à coup, à cause
de l'affluence des blessés, on fut obligé d'installer quatre-
vingt cinq lits pour un service chirurgical. La chose fut faite
en un clin d'œil, les quatre-vingt cinq lits occupés immédiatement ; et quelques heures après, les Frères avaient
pourvu à tous les besoins, et pansaient nos braves soldats
comme s'ils n'avaient jamais fait que cela.

» Il ne manquait qu'un chirurgien, — le chirurgien devient rare en ce moment, — lorsque la Providence, prenant en pitié l'anxiété des pauvres Frères, envoya juste à
point, rue Oudinot, un homme que nous avons tous appris
à aimer et admirer, un homme que tous ces malheureux
bénissent en ces jours d'angoisse et de misère, qu'on trouve
partout où il y a une douleur a soulager, un blessé à sauver,
Ricord lui-même enfin, la science et la bonté en personne.
L'illustre praticien fit, en quelques heures, les opérations
les plus urgentes, ce qui permit d'attendre jusqu'au lendemain matin le chirurgien qui devait prendre la direction
de l'ambulance.

» On pourra juger des services que rendent les Frères
de la Doctrine chrétienne, quand on saura qu'ils soignent
en ce moment dans Paris plus de 1,400 blessés.

» Mais leur zèle va plus loin, et tous ceux qui les ont
vus à l'œuvre sur le champ de bataille ont été saisis d'admiration devant leur intrépidité et leur mépris pour le danger.
A chaque combat, plus de deux cents Frères vont souvent,
au péril de leur vie et sous le feu de l'ennemi, ramasser
les blessés, et on les a vus plusieurs fois rentrer dans
Paris portant dans les plis de leur pauvre robe la preuve
irrécusable et glorieuse de leur courage et de leur charité.
« Croyez-moi, mon Frère, disait le général Ducrot, au

combat du 30 novembre, à l'un d'eux, qui, pour sauver
un blessé, s'était avancé au milieu des balles prussiennes,
croyez-moi, l'humanité et la charité ne demandent pas
qu'on aille aussi loin. »

» Quoiqu'il n'y ait rien à ajouter à un pareil témoignage, je dirai que les novices et les Frères, les jeunes
gens et les vieillards rivalisent de courage et de dévouement. On peut voir le vénérable Frère Philippe, le supérieur général, oubliant ses soixante-dix huit ans, conduire
ses religieux en dehors de Paris, et, jour et nuit, servir
lui-même ses pauvres malades, les consoler et les fortifier
avec ce doux sourire et cette sensibilité exquise qui lui
attirent tous les cœurs.

» Ah ! soyez bénis pour tout le bien que vous faites,
humbles serviteurs des enfants du peuple ! Je vous le jure,
ô mes Frères les *ignorantins*, vous avez la vraie science,
la science de la charité, de l'abnégation et du dévouement,
la science qui fait les héros, et Paris et la France délivrés
diront que vous avez bien mérité de la patrie. »

XXIX

Deux cent vingt Frères au service des ambulances. — Le frère
Néthelme.

Deux cent vingt Frères formaient avant-hier (décembre
1870) le service de nos ambulances du côté du Bourget ;
trente d'entre eux avaient, dès le lundi soir, quitté Paris pour
se rendre sur le champ de l'action, afin d'y remplir leur
courageuse et charitable mission. Cette première escouade
s'était avancée dans la direction du Bourget, hier matin,

à huit heures et demie ; elle était conduite par le Frère visiteur, ayant à ses côtés deux Frères dominicains.

Le cortége sortait de la Courneuve ; le drapeau de la convention de Genève était porté en tête par un Frère. Sur l'indication d'officiers, on se dirigea à 150 mètres en avant pour relever les blessés ; aucun soldat n'accompagnait les Frères dans leur marche. Cent mètres étaient à peine franchis qu'une décharge des troupes prussiennes, éclatait sur le front des ambulanciers. Deux Frères eurent leur robe trouée ; un troisième fut atteint, celui qui portait le premier brancard ; une balle pénétrant au défaut de l'épaule, alla jusqu'au poumon, produisant les plus graves désordres. Ce malheureux tomba tout sanglant, et fut porté immédiatement à l'ambulance de la Légion d'honneur de Saint-Denis. Ce Frère appartenait à l'établissement si connu de Saint-Nicolas, qui avait pour son compte détaché trente-huit de ses professeurs. Il se nomme Jean-Baptiste Baffie, en religion frère Néthelme ; il était né en 1840 dans le département de la Lozère.

Après deux jours d'horribles souffrances, le frère Néthelme a succombé. Le corps de la victime est resté exposé pendant une journée dans une chapelle ardente. Sur le cercueil était étendu son manteau et le brassard à croix rouge qui devait le protéger contre les balles prussiennes. On remarquait également étendue sa robe noire avec une déchirure ensanglantée.

Le comité des ambulances de la Presse a voulu honorer ses funérailles en convoquant son personnel médical, pharmaceutique et administratif à la funèbre cérémonie, et chacun de ces services a envoyé une députation à l'église Saint-Sulpice, où la messe devait être dite par le vénérable curé.

M. Jules Ferry, qui s'est voué à l'organisation des brancardiers volontaires dont un détachement se trouvait aussi sur le champ de bataille au Bourget, a répondu, par la lettre suivante, à l'invitation des ambulances de la Presse :

« Monsieur, je vous suis reconnaissant de cette pieuse pensée d'associer l'administration municipale à l'hommage que vous rendrez demain au très-digne et très-courageux citoyen, en religion frère Néthelme, qui a payé de sa vie son dévouement pour les blessés.

» S'il y a des degrés dans l'héroïsme, les plus beaux sacrifices sont les plus obscurs, et le frère Néthelme a accompli le sien, assurément, sans espoir de gloire.

» C'est pour nous un devoir d'autant plus étroit de lui rendre les honneurs civiques auxquels il n'aspirait pas, mais qui témoigneront une fois de plus de l'union intime de toutes les âmes françaises dans une seule foi et dans un seul amour, l'amour de la foi dans la patrie.

« Je ne puis assister personnellement aux funérailles du frère Néthelme, mais la présence de M. Léon Bépret, chef de cabinet du gouverneur, particulièrement chargé de la direction et de l'organisation de nos brancardiers municipaux, marquera nettement le sentiment fraternel qui unit tous les collaborateurs à notre grande œuvre hospitalière.

» Recevez, Monsieur, etc.

» Jules FERRY. »

A onze heures, l'office commence. L'église était remplie d'une foule énorme, qui avait voulu témoigner par sa présence, de son respect pour cette héroïque et obscure victime. Outre des membres du comité des ambulances, trois officiers d'ordonnance assistaient à la cérémonie et représentaient le général Trochu, le général Ducrot et le vice-amiral La Roncière. Le deuil était conduit par le supérieur de l'institut des Frères, le Frère Philippe et ses assistants. Auprès des représentants de M. Jules Ferry, on a remarqué M. Hérisson, maire du 6e arrondissement, M. Lauth, l'un de ses adjoints et plusieurs ecclésiastiques. Après l'office, le curé de Saint-Sulpice a prononcé quelques paroles émues sur la « fraternité, » telle que la comprennent ceux dont l'ambition est de mériter le nom de « frères » qu'ils se sont donné.

XXX

Encore les Frères des Ecoles chrétiennes de Paris.

La lettre suivante a été écrite par un Frère des Ecoles chrétiennes de Paris, à un de ses confrères de Lyon.

« Paris, 4 décembre 1870.

« Mon cher ami,

» Quand je vous ai écrit, il y a huit ou dix jours, j'étais loin de prévoir les événements qui viennent de s'accomplir.

» Les journaux vous ont sans doute appris qu'une sérieuse campagne ayant pour but de nous délivrer du cercle de fer qui nous enlace depuis trois mois, venait de commencer. C'est l'effort suprême, ce sera la victoire ou la mort. Les feuilles publiques vous feront connaître les péripéties de cette grande lutte où prennent part toutes les forces vives que renferme la capitale; mais

il est des détails qu'elles ne sauraient vous donner et qui
pourtant doivent vous intéresser à un très-haut degré ;
voilà pourquoi je me fais un véritable plaisir de les porter
à votre connaissance.

» Lundi dernier, 28 novembre, Mgr Bauër, directeur
des ambulances de la Presse, vint trouver le Supérieur
et lui fit savoir que dès le lendemain on allait commencer
une série de combats pour essayer de débloquer Paris. En
conséquence, il le priait de vouloir bien lui fournir 150 ou
200 Frères pour relever les blessés sur le champ de
bataille et inhumer les morts.

» Le soir de ce jour, cent soixante Frères étaient réunis
à la maison principale où ils écoutaient une solide instruction faite par Mgr Bauër lui-même ; on distribuait ensuite
des brassards, des croix, pour les chapeaux des rubans,
etc. Dès le lendemain, ces bons et courageux Frères se trouvaient au lieu indiqué pour commencer leur périlleuse
mission. Le cher Frère Baucine, assistant, devait transmettre les ordres de l'administration. Le pensionnat de
Passy comptait dans ce nombre douze Frères qui font,
depuis cinq jours, bravement leur devoir.

» C'est au sud-est de Paris, à l'endroit où la Marne par
ses sinuosités forme plusieurs presqu'îles, que l'on essaie
d'effectuer une trouée dans les lignes prussiennes. Là, se
voient les villages de Villiers, de Cœully, de Champigny,
de Chennevières, etc., presque tous fortifiés par l'ennemi
qui les occupe, et plusieurs, par leur position.

» Depuis mardi il y a eu trois grandes batailles et quelques
petits engagements, le tout à notre avantage. Les Frères
munis de brancards, allaient ramasser les blessés sous le
feu de l'ennemi. Les balles sifflaient à leurs oreilles, les
obus éclataient autour d'eux ; maintes fois ils ont dû se

coucher complétement sur le sol pour laisser passer les projectiles au-dessus de leur tête. On en a vu se traînant sur les genoux pour atteindre ainsi de malheureuses victimes qu'ils ramenaient aux ambulances les plus voisines, c'est-à-dire dans les maisons abandonnées, disposées à la hâte pour recevoir provisoirement les blessés.

» Deux fois l'autorité militaire a dit aux Frères qu'ils s'exposaient trop, qu'ils allaient trop loin. Le général Ducrot leur a fait porter par Mgr Bauër, des paroles de félicitation.

» L'un des principaux administrateurs de l'ambulance disait à nos Frères : « Je voudrais que tout Paris fût là, et vous vît à l'œuvre : que de préjugés contre la religion tomberaient à l'instant ! »

» Je pourrais citer bien d'autres paroles, mais l'espace me manque ; je n'en mentionnerai plus qu'une seule.

» Un général s'adressant à un frère, s'écriait : « Vous avez écrit aujourd'hui, par votre dévouement, une des belles pages des annales de votre institut.

» Quand le combat était fini et les blessés transportés, les Frères passaient presque toute la nuit à ensevelir les morts. Puis vers les deux ou trois heures du matin, ils prenaient un peu de repos. Ainsi se sont écoulés quatre jours de la semaine dernière.

» Les Frères ont fait l'admiration de tous par leur intrépidité docile, par leur infatigable bonne volonté.

» L'un d'eux, le Frère Norbertien, accompagné d'un autre Frère et venant d'arriver sur le champ de bataille avec ses pieux compagnons, fut appelé par un médecin qui pansait un blessé grièvement atteint. Il accourt portant le brancard. Il reconnaît dans ce premier blessé, qu'il relevait, son frère ; les larmes lui viennent aux yeux, il l'embrasse

10

avant de le coucher sur le brancard et le transporte ensuite
en murmurant sa prière.

» Nous avons eu deux Frères blessés, l'un par un éclat
d'obus, l'autre par une balle qui a pénétré dans la jambe;
Dieu merci, ces blessures ne sont pas très-sérieuses.

» Vous le voyez, mon cher ami, on dirait que le jour de
la délivrance approche; tous les cœurs s'ouvrent à l'espérance, les courages abattus se relèvent; on comprend que
notre position s'est notablement améliorée,

» Priez pour nous.

» Votre ami dévoué et frère en N.-S. J.-C.

« F. S..... »

XXXI

L'ensevelissement des morts sous les murs de Paris.

Le lundi qui a suivi les glorieuses journées du 30 novembre et du 2 décembre (1870), un rapport prussien donnait avis au général Ducrot que de nombreux cadavres
restaient encore sur le terrain situé entre les avant-postes
ennemis. Le lendemain, les ambulances de la Presse, ayant
à leur tête M. Sarrazin, médecin en chef de la deuxième
armée de Paris, et M. de La Grangerie, secrétaire général,
partaient de Vincennes, emmenant soixante Frères de la
Doctrine chrétienne et une escouade de terrassiers. Arrivés
aux avant-postes prussiens, un armistice temporaire fut
conclu, et l'on se mit à l'œuvre.

» La terre, durcie par la gelée, fut attaquée par le pic
des terrassiers qui commencèrent la corvée funèbre.

» La route qui mène de Vincennes à Champigny, lors-

qu'on coupe au plus court, est à travers « bois » : ce mot
a quelque chose d'exagéré quand on pense à ce qui reste
des arbres de cette magnifique forêt, mais il est nécessaire
à l'intelligence de ce qui va suivre.

» La neige était tombée en abondance pendant la nuit ;
une neige sèche, fine, qui se glissait partout, garnissait
tous les points noirs, élargissait l'horizon et aveuglait le
regard.

» Le convoi, garni des Frères aux sombres costumes,
avec les fourgons chargés de pioches et de sacs de chaux
vive, traversait ce paysage éblouissant et morne à la fois
comme un souvenir terrifiant de la retraite de Russie.

» Des groupes de soldats disséminés çà et là, des cam-
pements dont la fumée, s'élevait en tournoyant vers le ciel,
tout un attirail de guerre, tout un mouvement militaire,
complétaient cette ressemblance et ce tableau, dont les personnes présentes ne pourront oublier de longtemps la frap-
pante image.

» Quand on arriva à la Fourche, le capitaine Sarvey
disposait ses escouades pour l'enlèvement des derniers
cadavres : on déblaya les fossés comblés par la neige de
la nuit, et on reprit courageusement l'œuvre interrompue
des deux premiers jours.

» Les morts de Petit-Bry, de Champigny et de Croissy
commencèrent à arriver par charretées. On procéda à la
vérification des numéros matricules, à défaut d'indications
plus précises ; chaque rangée, aussitôt après avoir été re-
connue, allait prendre sa place à côté des autres.

» Ce pâle linceul qui couvrait le sol, ces arbres dé-
charnés qui étendaient leurs bras vers le ciel, ces trous
béants où les cadavres roidis et blêmes dormaient d'un dernier sommeil sur un lit de chaux — neige sur neige ; ces

ombres noires qui se profilaient violemment sur le fond
blanc, tout, dans cette nature et dans ce mouvement, con-
courait à une mise en scène extraordinaire, impossible à
oublier pour le petit nombre de ceux qui l'ont vue.

» Les Frères poursuivaient en silence leur épouvantable
mission ; ces fossoyeurs chrétiens et résignés avaient quelque chose de surnaturel. Les officiers prussiens eux-mêmes
s'en montrèrent frappés.

» — Nous n'avons rien vu en France jusqu'ici de pareil !
disait l'un d'eux.

» — A l'exception des Sœurs grises, reprit un de ses
collègues.

» — C'est vrai, voilà d'admirables exemples pour votre
population démoralisée !

» On avait beau se hâter, il restait encore des cadavres
au bord des fossés ; la nuit s'avançait, les pelles retentissaient sur la terre avec un bruit sourd ; la fatigue des
Frères devenait extrême.

» Il fallait encore un vigoureux effort : on le donna.

» Les fourgons entrèrent un à un et se rangèrent le
long de la route ; le sol fut nivelé ; les Frères rentrèrent
leurs outils, baissèrent leurs manches retroussées depuis
le matin, reprirent leur sombre chapeau, rejetèrent leur
sac sur leurs épaules et remontèrent un à un, lentement,
dans les voitures profondes.

» Une bénédiction suprème tomba sur ces déplorables,
humbles et héroïques victimes de la guerre. — On dit
que nous sommes dans un siècle sans foi, les deux tiers
de ces pauvres gens portaient des scapulaires et des médailles. — Le chiffre des morts fut officiellement annoncé
à haute voix aux officiers ennemis, qui le déclarèrent con-
forme à leurs propres informations, et on planta sur chaque

tumulus une croix de bois noir avec cette simple inscription :

†

ICI REPOSENT

Six cent quatre-vingt-cinq
soldats et officiers français tombés
sur le champ de bataille
enseveli par les Ambulances de la Presse
le 8 décembre 1870.

. . . .

» Monsieur, dirent les officiers prussiens en saluant courtoisement M. de la Grangerie, nous nous reverrons à Paris.

» Après la paix. Messieurs, répondit le parlementaire français. »

XXXII

Plus qu'une croix d'honneur.

On raconte le fait suivant : « C'était le lendemain du sanglant combat du 22 décembre. Rendez-vous avait été donné aux Tuileries pour le départ des ambulances : il y avait encore des blessés à prendre et à ramener.

» La veille, pendant que les brancardiers *honoraires* fumaient tranquillement leur pipe, et restaient inébranlables derrière de bonnes murailles, 150 Frères de la Doctrine chrétienne, les reins ceints d'une corde, allaient au premier signe ramasser, sous le feu de l'ennemi, les blessés et les ramenaient à l'abri. Un Frère frappé d'une balle au milieu du cœur tombe roide mort. Un autre grièvement blessé d'un éclat d'obus, était rapporté mourant.

» C'était donc le lendemain. Il était six heures du matin, un vieux Frère de 70 ans, le sous-directeur, venu à la place du Frère Philippe, empêché par son grand âge, amenait au docteur Ricord un renfort de 100 Frères, pour se joindre aux autres restés à Genevilliers.

» Le docteur Ricord s'avança vers le vieillard à cheveux blancs, une figure profondément sillonnée, ascétique, mais bonne, bienveillante et fine, un vrai Holbein détaché de son cadre,

« Mon Frère, dit-il, comment va notre blessé?

— Mal, docteur, il n'est pas mieux, nous avons peu d'espoir. »

» Le docteur était ému, lui qui voit tant de douleurs.

« Mon Frère, dit-il en lui prenant la main, s'embrasse-t-on chez vous?

— Mais, dit le bon vieillard, il n'y a pas de règle pour cela.

— Eh bien, dit Ricord, permettez-moi d'avoir l'honneur de vous embrasser. Vous êtes admirables ! vous et les vôtres. Portez ce baiser à tous vos Frères, et dites-leur que nous vous remercions tous, en notre nom et au nom de la France! »

» Voilà un baiser qui vaut plus qu'une croix d'honneur [1]. »

---

[1] Nous ne pouvons mieux terminer tous ces récits sur les dévouements des Frères, qu'en recommandant le bel ouvrage publié sous ce titre : *Les Frères des écoles chrétiennes pendant la guerre de* 1870-1871, par J. M. d'Arsac. 1 vol. grand in-8°, chez F. Curot et chez V. Palmé, à Paris.

XXXIII

Un vicaire de Courbevoie pendant le siége de Paris.

M. l'abbé Desjardins, 1er vicaire de Courbevoie, près de Paris, resté seul pour soigner, pour consoler les malades, n'a pas cessé un seul instant de prodiguer ses soins aux habitants qui étaient restés, affrontant plusieurs fois les menaces d'hommes armés pour porter aux malades les secours de la religion.

Son dévouement se manifesta surtout dans une circonstance connue de tout le monde. La ville de Courbevoie venait d'être imposée de 200,000 francs ; l'adjoint, Allemand d'origine, ministre protestant, avait en vain épuisé le crédit que lui donnait ce double titre, il n'avait rien obtenu. M. l'abbé Desjardins, seul, sans appui, se rend à Versailles, obtient difficilement une audience du gouverneur général de Moltke, et, après de longs pourparlers obtient une réduction de 140.000 francs.

Celui qui a écrit ces lignes, en appelant la reconnaissance de la population sur l'homme que l'on peut appeler l'ami de son pays, a été à même de le juger souvent par lui-même.   *Un habitant de Courbevoie.*

XXXIV

Deux traits de protection de la sainte Vierge Marie.

La famille d'un sous-officier du 9e cuirassiers, qui s'est battu à Frœschwiller, a communiqué au rédacteur des

Annales de Lourdes deux lettres dont la première a été
écrite le lendemain de la bataille, sur un simple carré de
papier :

« Saverne, 7 août 1870, 4 h. 1/2 du matin.

» Chère famille,

» Je suis en vie. Remerciez le bon Dieu.... une messe
pour moi. Notre régiment est massacré ou prisonnier. Notre
escadron était de 130 hommes, nous nous retrouvons 13.
Je m'en suis tiré sain et sauf, deux chevaux tués sous
moi. J'ai été fait maréchal-des-logis sur le champ de bataille
par le général Michel, à qui j'ai sauvé la vie et qui a fui
avec nous. J'espère en échapper. Dans tous les cas, je
mourrai en bon Français. Je ne vous demande que des
prières.

» MAURICE. »

« Colombey-les-Belles, 12 août.

» Mes chers parents,

» L'arrivée de mon portefeuille vous aura étonnés ; mais
je n'ai pas eu le temps de vous écrire. Je vous l'envoie tel
qu'il était au moment où il a été traversé par une balle qui
s'est arrêtée devant l'image de Notre-Dame de Lourdes.
La poche de ma tunique a été toute déchirée, ainsi que
mon pantalon. Que Louis remette le portefeuille à l'aumônier de la chapelle et lui demande une messe pour remercier la bonne Vierge.

» J'ai été brave, je me suis fait remarquer. Je vais recevoir la médaille militaire.

» Adieu tous. Beaucoup de prières.

» Adieu et au revoir.

» MAURICE. »

On écrivait de Wambrechies : « Deux frères, Albert et Jules Desmaréaux, ont pris part au combat de Villers-Bretonneux près d'Amiens, et tous deux remercient la sainte Vierge qui les a environnés d'une protection qu'ils se plaisent à appeler miraculeuse. Les balles ennemies ont percé l'uniforme de l'un de ces jeunes gens, et il attribue son salut au scapulaire qu'il portait. L'autre a été frappé d'un plomb meurtrier dont le coup s'est amorti sur une médaille de la Sainte Vierge qui ne le quitta jamais. Cette médaille porte la marque de la balle prussienne. Le jeune mobile la conservera comme le plus précieux butin. »

XXXV

Une mort glorieuse et chrétienne.

Le *Journal d'Alençon* offrait le récit d'une mort glorieuse et chrétienne qui fait songer à celle de Bayard.

« Au début du combat de la Fourche, le 21 novembre (1870), la 5ᵉ compagnie du 1ᵉʳ bataillon des mobiles de l'Orne a perdu son capitaine, ancien maire de Marchemaisons. Ses jeunes soldats, qu'il appelait « ses enfants, » l'ont pleuré comme un père; notre pays regrette en lui l'homme excellent au cœur loyal.

» Un acte de foi simplement, dignement accompli aux yeux de tous, a couronné sa vie tout exemplaire.

» Il venait de prendre position devant l'ennemi avec sa troupe, lorsque voyant approcher l'aumônier du bataillon, le R. P. Orbirot, il alla à sa rencontre, et lui serrant la main :

« Mon père, dans deux ou trois jours j'aurai quelque chose à vous dire.

— Pourquoi pas tout de suite, capitaine, répondit l'aumônier, la journée va être chaude.

— Vous avez raison. Eh bien ! tout de suite, je suis à vous. »

» Les soldats les virent alors qui s'éloignaient ensemble; ils s'arrêtèrent près d'un talus. Le capitaine s'agenouilla en faisant le signe de la croix. La main du prêtre s'éleva sur sa tête, et il reçut l'absolution.

» Une demi-heure à peine était écoulée qu'il tombait foudroyé, atteint en pleine poitrine par un boulet.

» Il était âgé de 50 ans; il avait servi et comptait plusieurs campagnes en Afrique. Courageux, instruit, capable comme il était, nul doute qu'il ne fût arrivé aux premiers grades de l'armée, s'il eut continué l'état militaire. Revenu au pays, il ne s'était pas marié : il vivait heureux près d'une de ses sœurs plus jeune que lui, qui, toute dévouée à ce frère parfait, était demeurée au foyer paternel. »

XXXVI

Un bel ordre du jour.

M. d'Albiousse, chef de bataillon aux volontaires de l'Ouest, honoré du commandement de la Légion, adressait à ses troupes l'ordre du jour suivant :

Cette proclamation si chrétienne et si française suffit à montrer que le colonel de Charette, pendant la douloureuse trêve qui lui était imposée, avait trouvé un successeur digne de lui, et que le drapeau qu'il avait si dignement arboré demeurait entre bonnes mains.

M. d'Albiousse replaçait la question sur sa véritable base

en qualifiant la dernière guerre de « guerre d'expiation ; »
et lorsqu'il conviait ses zouaves à retremper leur courage
dans leurs convictions religieuses, il nous donnait le secret
de leurs hauts faits : car il faisait appel au sentiment le plus
élevé et le plus pur dont puisse s'inspirer l'âme humaine ;
et animé par un pareil souffle, le patriotisme ne peut pas
faillir.

ORDRE DE LA LÉGION

Officiers, sous-officiers et soldats,

Appelé, pendant l'absence du colonel de Charette, au
commandement de la Légion, j'éprouve le besoin de me
rapprocher de vous pour ne pas être écrasé sous le poids
de l'honneur qui m'est fait et de la responsabilité qui
m'incombe.

La crise que traverse la Légion est terrible; mais quelque
désastreuse que soit la situation qui nous est faite par
l'éloignement de notre illustre chef et la perte de tant de
nos braves camarades tombés sur les collines de Patay,
nous ne devons pas nous décourager.

La guerre que nous subissons est une guerre d'expiation, et Dieu a déjà choisi parmi nous les victimes les
plus nobles et les plus pures. Elevons donc nos cœurs à
la hauteur de la mission qui nous est confiée, et soyons
prêts à tous les sacrifices. Retrempons notre courage
dans nos convictions religieuses, et plaçons notre espoir
dans la divine sagesse dont les secrets sont impénétrables,
mais qui nous fait une loi de l'espérance.

C'est par un acte de foi que la France est née sur le
champ de bataille de Tolbiac, c'est par un acte de foi qu'elle
sera sauvée, et tant qu'il y aura dans notre beau pays un
christ et une épée, nous avons le droit d'espérer.

Quoi qu'il arrive, *avec l'aide de Dieu et pour la patrie*, restons ici ce que nous étions à Rome : les dignes fils de la Fille aînée de l'Église.

Le commandant de la Légion,
D'ALBIOUSSE.

XXXVII

La Vierge d'Autun.

« Le 1er décembre, Garibaldi s'était laissé surprendre à Autun. Tout à coup, vers les deux heures de l'après-midi, le canon tonne aux portes de la ville. Vite nos braves mobiles artilleurs de la Rochelle courent à leurs pièces pour riposter. Ils avaient trois batteries placées au petit séminaire, sur une esplanade qui commande une partie de la plaine par où les Prussiens pouvaient arriver. Bien que surpris, nos braves artilleurs ont soutenu pendant deux heures et demie un feu continuel que faisaient pleuvoir sur eux les obus et la mitraille. Bref, à cinq heures un quart l'ennemi reculait, bien qu'il eût, dit-on, plus de 30 pièces vomissant sans cesse le plomb, le fer et la fonte. Mais voici ce qui surprendra les uns et rassurera les autres. L'esplanade du petit séminaire où étaient disposées nos batteries n'a tout au plus que 50 mètres de large. Au milieu se trouve une magnifique statue de la très-sainte Vierge qui, avec son piédestal, n'a pas moins de 12 pieds d'élévation. De chaque côté de la Vierge, il y avait neuf pièces de canon. Jugez si elles étaient rapprochées les unes des autres. Aussi, les projectiles prussiens, y pleuvant comme la grêle, hâchaient les grands arbres en arrière et décimaient nos pauvres artilleurs. Plusieurs sont tombés au pied de la Madone, qui par sa blancheur servait de point de mire à l'ennemi. Or, le croiriez-vous? Au milieu de ces mille projectiles, la Vierge est restée intacte, pas une égratignure : ni la statue, ni son piédestal n'ont été atteints. Seule, une marche de l'escalier a été un peu ébréchée, presque à rase de terre. Parmi les artilleurs se trouvait un jeune protestant dont la pièce touchait le piédestal. Comme son voisin lui demandait s'il n'était pas encore blessé : « Bah! répondit-il, on a dit que la Vierge se garderait bien elle-même et on n'a pas voulu la descendre. Si vraiment elle est aussi puissante qu'on le dit, elle me gardera bien aussi : alors, je croirai en elle. » A peine a-t-il fini de parler, que deux servants de la pièce tombent blessés ; l'un est mort sur le marchepied de la statue ; lui demeure sain et sauf. Depuis, il ne craint pas de dire à qui veut l'entendre, que la sainte Vierge l'a préservé , et il a accepté avec joie une médaille.

» Une pieuse dame d'Autun, Caroline C***, a eu l'heureuse idée d'offrir le lendemain une couronne de fleurs tressées de sa propre main à la Vierge ; et les deux artilleurs, qui ont réclamé l'honneur de couronner eux-mêmes leur Protectrice, étaient trop heureux de lui rendre ce petit témoignage de leur reconnaissance. L'un d'eux, m'a-t-on dit, a fait, en couronnant la Madone , cette singulière observation :

« Tiens, ce n'est pas étonnant que les Prussiens aient été battus, malgré le nombre de leurs canons et l'avantage de leurs positions : nous étions sous les yeux de la sainte Vierge, qui nous souriait tandis qu'aux Prussiens... elle leur tournait le dos.   » D. L. »

Semaine catholique de Toulouse.

LA CRYPTE DE SAINT-MARTIN, A TOURS

Au milieu des douloureux événements qui désolaient la France durant l'automne de 1870, la ville de Tours donnait dans l'un de ses quartiers un spectacle touchant qu'on aime à rappeler. Voici ce qu'on lisait dans un journal vers cette époque :

« .... Nous voudrions que la France militaire et la France politique vissent de près comme nous ce qui se passe en cette crypte, ruine sainte de l'illustre basilique de Saint-Martin, qui fut jadis l'objet de la vénération de tous les peuples et de tous les rois chrétiens. Nous voici ramenés au temps de foi. Les multitudes de chrétiens viennent à ce tombeau auguste, que le protestantisme impie avait profané et détruit.... »

Que se passait-il donc dans cette vieille crypte? Un spectacle qui devait, ce semble, toucher le cœur de Dieu, et attirer sur notre pays d'abondantes bénédictions. Pressées autour d'un humble autel dressé sur ce tombeau, ces multitudes suivaient les paroles qu'un pauvre prêtre prononçait à haute voix pour la France, pour l'armée, pour les blessés, pour les prisonniers, pour les mourants, pour les morts, enfin pour les familles de nos braves soldats.

« .... Regardez, Seigneur, d'un œil favorable les armées de la France. Nous vous prions pour nos soldats, pour tous ceux qui nous sont chers, et que le dévouement appelle sur le champ de bataille ; ce sont nos époux, nos frères, nos pères, nos enfants, nos parents, nos amis. Ils défendent le sol de la patrie, nos foyers domestiques et nos autels. Seigneur, ils nous ont quittés pour obéir à la voix du devoir. Nous les confions à votre divine providence.

Puissent-ils n'être point au nombre des victimes qui succomberont dans les combats !...

» Saint Martin, patron des guerriers, premier patron de la France, attirez sur nos armées la bénédiction de Dieu, et obtenez-nous la paix.... »

C'est cette même crypte de Saint-Martin, qu'un aumônier militaire avait choisie pour le lieu de réunion de braves soldats auxquels il apprenait à servir dignement Dieu et la patrie. On écoutait sa parole avec un pieux respect, et ce ne sont pas ces dociles auditeurs du pauvre prêtre, qui, plus tard ont combattu avec le moins d'ardeur sur les champs de bataille.

On aime à rappeler ces souvenirs ; tandis que notre infortunée capitale gémissait sous les étreintes d'un ennemi terrible, réduite à communiquer avec ceux du dehors par des *ballons montés*, ou des *pigeons voyageurs* ; la ville de Tours, siège de la délégation du gouvernement, donnait donc un bel exemple. C'était celle peut-être où l'on priait le plus pour le salut de la France, en invoquant chaque jour la protection du grand saint Martin, l'apôtre des Gaules.

Quel fut l'effet de ces prières journalières au tombeau de l'illustre saint ? Nous l'ignorons, sans doute, mais certainement, elles ne sont pas restées stériles. Ne devons-nous pas croire qu'elles ont sinon arrêté, du moins tempéré les maux de notre infortunée patrie ?

Le jour de Saint-Martin (11 novembre 1870), Mgr l'Archevêque de Tours, aujourd'hui Archevêque de Paris, a célébré la messe dans la chapelle du tombeau. L'enceinte était trop étroite pour l'immense foule venue des divers points de la cité. Le vénérable prélat a donné la sainte

communion durant trois quarts d'heure. « C'est une touchante consolation, disait à ce sujet un journal, d'avoir sous
les yeux un tel spectacle de piété, en des moments si douloureux ; les étrangers réunis à Tours, ont ainsi quelque
idée de ce que fut jadis le mouvement des populations vers
le tombeau de saint Martin, et ils s'expliquent la tranquille confiance avec laquelle les habitants voient couler
les événements, comme s'ils se sentaient protégés par la
puissance de leur patron. »

XXXVIII

Les Filles de la Charité respectées par les bombes, à Paris.

Nous extrayons les lignes suivantes, d'une lettre écrite
le 13 avril 1871, de la maison-mère de l'institut des
Filles de la Charité, rue du Bac 148, à Paris.

« .... Nous ne sommes pas encore mortes, quoique
nous soyons obligées de faire notre acte de contrition à
chaque instant. Depuis le 4 de ce mois, on bombarde
Paris ; les bombes sont surtout dirigées sur le faubourg
Saint-Germain, elles pleuvent sur nous ; l'autre jour de
10 heures à minuit, ma Sœur Lebrun en a compté 345 ;
le lendemain dans la journée, 62 sont tombées sur le
Val-de-Grâce ; deux étages au-dessus de celui qu'occupaient
nos Sœurs se sont écroulés, le leur est resté intact. Un
malade seulement a été écrasé ; tous les autres ont été
préservés. Dans aucune maison de nos Sœurs, il n'est
arrivé d'accident, quoique les bombes y soient tombées,
et aient fait bien des ruines. Ici nous avons été l'objet
d'une protection qui tient du miracle. Dans la nuit de

dimanche au lundi, deux obus sont tombés chez nous,
et ont fait un dégât épouvantable chez nos sœurs an-
ciennes. Le premier est allé poliment saluer ma Sœur
Ayma et lui donner des nouvelles de ses compatriotes.
Il était bien juste qu'une Prussienne eût les prémices.
— Vous vous faites une idée de la terreur qu'elle a eue.
Je ne comprends pas comment elle et sa compagne n'ont
pas été pulvérisées. Figurez-vous qu'il a éclaté dans une
armoire, à côté de sa tête. La muraille a été démolie, les
lits et les portes brisés, et nos Sœurs ensevelies dans les
décombres; le plancher a été transpercé, et les lits qui
étaient dessous, ont tout reçu. Nos Sœurs étaient cou-
chées, et pas une n'a eu une égratignure.... »

XXXIX

Un épisode du bombardement de Paris.

C'était au plus fort du bombardement de Paris, les bar-
bares Prussiens, ne visant qu'à détruire nos plus beaux
édifices, tiraient à boulet rouge, lançaient des bombes et
des obus sur l'asile Saint-Anne, maison de malades et d'a-
liénés. Dans l'espace de quelques minutes, l'architecte de
cet établissement, qui en traversait la cour, fut obligé de
se coucher vingt fois, afin d'éviter les éclats d'obus qui
tombaient à ses côtés. Se dirigeant vers la chapelle de la
maison, il fut témoin d'une chose vraiment prodigieuse, et
nous le tenons de sa propre bouche :

Un obus était tombé sur le haut du clocher, il en ébranla
les fenêtres, perça de grands trous à la voûte du sanctuaire
et tomba juste au milieu de l'autel où se trouvait le Saint-

Sacrement. On craignit un instant que le tabernacle où réside le Dieu des armées ne fût brisé en éclats, mais il n'en fut rien : au grand étonnement de tous, l'obus tomba en face du tabernacle, comme un pain de sucre que l'on aurait posé avec la main, sans faire aucun dommage, respectant ainsi la demeure de Celui qui commande à la foudre et au tonnerre. L'obus pesait 45 kilos.

XL

Deux héros du combat de Patay, le jeune comte Henri de Verthamon et le jeune Armand du Bourg.

Gironde. — Voici la copie de la lettre qui annonçait à sa mère la mort de M. le comte Henri de Verthamon, un des héros du glorieux combat de Patay.

« Joinville (Eure-et-Loire), le 7 décembre 1870.

» Madame,

» Monsieur votre fils a désiré hier qu'on vous écrivît en son nom. C'était, hélas, ses adieux... car il vient d'entrer aujourd'hui dans son éternité avec une joie et un bonheur qu'on rencontre rarement.

» Il a communié, ce matin, et a conservé sa connaissance jusqu'au dernier moment. — Nous avons assisté à la mort d'un saint.

» Que vous devez être heureuse dans votre malheur, Madame, d'avoir eu un pareil fils !

» Il nous a édifiées et pénétrées jusqu'au fond de l'âme. C'est un protecteur que vous avez dans le ciel.

» J'ai tout arrangé afin que la famille puisse, aussitôt la paix, prendre ce précieux dépôt.

» Votre fils va être déposé dans un caveau.

» Votre fils a été entièrement dévalisé ; mais soyez tranquille, je vais lui faire rendre les honneurs qu'il mérite.

» Je suis pressée, Madame, j'espère faire partir cette lettre par une occasion ; car nous sommes bloqués de tous côtés.

» Votre très-humble servante,

» Sœur SAINT-HENRI. »

—

Nos lecteurs viennent de voir la lettre que la Sœur Saint-Henri, religieuse près d'Orléans, adressait à Mme de Verthamon pour lui annoncer la mort de son fils, zouave pontifical. Il y avait dans cette lettre un passage que la feuille publique de cette époque avait cru devoir supprimer et que nous pouvons, hélas ! rétablir aujourd'hui.

« Votre fils, disait la Sœur Saint-Henri à Mme de Verthamon, votre fils va être déposé dans un caveau, où il sera bientôt suivi par un autre zouave, un de mes cousins, Armand du Bourg.

» Ils étaient à côté l'un de l'autre sur le champ de bataille. Je les ai ramenés ensemble de ce théâtre affreux de la guerre, et ils vont se suivre dans le ciel ; j'en ai l'âme navrée, mais bien édifiée. »

La triste nouvelle que cette lettre ne faisait que trop pressentir est arrivée aujourd'hui à Toulouse. Le jeune Armand du Bourg a succombé aux blessures qu'il avait reçues au combat de Patay ; il est mort vaillamment, comme meurent les volontaires de l'Ouest, en soldat et en chrétien.

Circonstance bien imprévue et bien touchante ! la noble et pieuse femme qui a ramassé le jeune blessé sur le champ de bataille s'est trouvée être une de ses parentes ; la Providence a voulu que la famille et la religion se trouvassent réunies ensemble au chevet du mourant !

M. Joseph du Bourg, frère de M. Armand du Bourg, sert également dans les volontaires de l'Ouest, un troisième frère est officier dans les spahis. Voilà comment nos amis servent la France !

Nous n'essaierons pas d'exprimer à l'honorable M. Gabriel du Bourg, combien nous ressentons le coup qui vient de frapper si cruellement son cœur de père ; il y a des douleurs devant lesquelles il sied de garder le silence.

Gazette du Languedoc.

XLI

La mort d'un héros.

Le général Renault est mort, à l'hôpital Lariboissière, entre les bras de son brosseur, de la Sœur Marie, et d'une garde malade appartenant à l'administration des hospices.

Vers huit heures et demie du matin, se sentant fort mal, il demanda son intime ami, M. le docteur Cusco, qui, deux jours avant l'avait opéré. A neuf heures moins un quart, le docteur, suivi de ses aides, et de quelques élèves en médecine, pénétra dans la salle de la lingerie.

« Je suis aise de vous voir ! murmura le général.

— Souffrez-vous beaucoup ? demanda l'habile praticien.

— Oh ! oui, beaucoup !

— Mon brave ami, encore un peu de patience... et vous sortirez complètement guéri.

— Je n'espère plus qu'en Dieu ! »

Alors, comme d'habitude, le docteur allait procéder au pansement du malade, quand, soudain, celui-ci se mit sur son séant, et levant les yeux d'une façon démesurée, il s'écria :

« Comment cela va-t-il ? Avons-nous avancé ? Où sont mes soldats ?

— Tout va pour le mieux, se hâta de répondre le médecin en lui disant de se coucher.

— Je ne puis pas ! s'écria d'une voix forte le général.

— Mon excellent ami....

— Je vais mourir, continua-t-il. Ah ! pourquoi me rappelle-t-il ? C'est trop tôt... Sommes-nous ravitaillés ? »

Dans un coin de la chambre, le vieux brosseur pleurait à chaudes larmes. Au chevet du lit, la Sœur récitait la prière des agonisants.

Tout à coup, comme le docteur Cusco murmurait à l'oreille de son vieil ami quelques paroles de consolation, le général, élevant les bras, s'écria :

« Vive la France ! mort aux Pruss.... »

Il n'eut pas le temps d'achever son anathème ; sa tête retomba lourdement sur l'oreiller... Il était mort.

Lorsqu'il fut bien constaté que Renault-l'Arrière-Garde avait rendu le dernier soupir, son domestique, refusant les services des personnes qui se trouvaient là, le revêtit de son costume d'apparat. Cela fait, il mit une bougie à côté du lit, et, sur la table, une soucoupe où se trouvait, avec une branche de laurier, de l'eau bénite.

XLII

Cent jours de siége.

Sous ce titre : *Les cent jours*, le *Français* publiait, pendant le siége de Paris, un article auquel nous empruntons les lignes suivantes :

« Il y a cent jours que Paris est investi, coupé de toutes communications, isolé du reste de l'univers; cent jours qu'il arrête le flot de l'invasion prussienne et fait, par sa résistance héroïque, l'admiration du monde.

» Cette période restera célèbre à jamais dans notre histoire, et quoi qu'il advienne, quelle que soit l'issue des événements, on peut dire que Paris a, dès longtemps, sauvé l'honneur militaire de la nation.

» Nous ne désespérons pas de le voir sauvé davantage et, par la prolongation de la lutte, par les coups multipliés et profonds qu'il porte aux Allemands, arriver à la délivrance et à la victoire.

» Mais, nous le répétons, ce qu'il a fait depuis cent jours suffirait à sa gloire, à son prestige unique dans le monde, à l'antique réputation militaire de notre pays.

» Il manquait de tout pour la bataille : de canons, de fusils, de munitions, de soldats. Il a tout créé dans son enceinte étroitement serrée; il a fait des pièces de divers calibres, pour la campagne et pour le siége; des armes perfectionnées, des affûts, des chariots, des gargousses, un matériel immense; il a fait des travaux gigantesques; il a fait surtout des soldats avec des enfants, des oisifs, des élégants, des boutiquiers.

» C'est l'âme d'un homme passant dans un peuple qui a
opéré ce prodige ; c'est l'esprit de Trochu qui a trans-
formé les ateliers coquets de la mode et du luxe en
arsenaux de guerre, et les badauds du boulevard en
héros ! »

XLIII

Courageux dévouement d'une mère.

Le lundi 30 janvier 1871, une touchante cérémonie funèbre réunissait une famille en deuil et quelques amis
dans la petite église du village de T*** (Gard) attenante
au château de M. le comte de V***. Ils étaient venus
pour payer un pieux hommage d'admiration et de sympa-
thiques regrets à la mémoire du jeune héritier d'une des
principales familles de la contrée.

Il y avait là, dans le chœur, une couronne de douze
prêtres, rangés autour d'un simulacre de cercueil. Point
de dépouille mortelle cependant... mais seulement, sur le
modeste catafalque, quelques habits percés de balles et
tachés de sang, rapportés tristement par une mère du
champ de bataille de Patay.

Je dirai quelques mots de cette mère ; mais auparavant
faisons connaître le fils.

Le vicomte Joseph de V***, petit-fils du comte de V***.
pair de France, général des gardes nationales du Gard en
1815, était revenu dans sa famille, après avoir, durant sept
ans, servi son pays en véritable soldat en Italie et en Afrique.
Il eut alors, à l'exemple de tant de nobles cœurs,
l'idée de mettre son épée au service de la plus sainte des

causes. Le jeune *zouave pontifical* se battit à Mentana; tous ceux qui l'ont connu louent sa bravoure, sa générosité, sa noblesse de sentiments. Revenu chez lui depuis quelque temps pour remettre sa santé éprouvée par le climat de Rome, M. de V*** s'était empressé de retourner à son poste d'honneur parmi les défenseurs du Saint-Siége, lors de la dernière invasion des Etats du Souverain-Pontife. Il se trouvait donc au siége de Rome, où la petite armée pontificale s'est conduite si vaillamment. Lorsque l'élite de cette petite armée, organisée sous le nom de *volontaires de l'Ouest*, vint combattre pour la France, le digne soldat du brave Charette reprit son rang sous ses ordres, et se distingua partout par son courage et son désintéressement. Pour ne point se séparer de ses chers camarades, il avait préféré son grade à celui d'officier de cavalerie que lui offrait un brave général, ami de sa famille.

Tel était le jeune fils qu'une pieuse mère, inquiète mais saintement résignée, poursuivait au loin de ses vœux et de son amour. Ne recevant plus de nouvelles, Mme de V*** veut aller à sa recherche, le revoir, s'il vit encore, l'embrasser une dernière fois, lui donner une dernière bénédiction.

Par un temps de neige glacial, elle se met donc en route avec une compagne de voyage, traverse la France, et s'achemine jusqu'à Orléans....

Là elle demande son fils à quelques zouaves qu'elle rencontre. Après de longues recherches, elle le découvre : ô bonheur ! il vit encore. Mais elle le trouve *presque mourant de faim;* elle ne peut cependant lui donner *qu'un morceau de pain et deux œufs durs*, seuls aliments qu'elle possède. Du moins elle a pu revoir son bien-aimé fils, lui parler, l'encourager, le bénir encore, le presser sur son cœur.... Aux battements plus forts de ce cœur inquiet, la pauvre mère pressentit que cet embrassement serait le dernier. Elle fit à Dieu un douloureux sacrifice ! Ce même jour, en effet, eut lieu la bataille de Patay, funeste à tant de braves zouaves. Le jeune vicomte Joseph de V***, après avoir reçu l'absolution quelques instants encore avant le combat, fut l'une des glorieuses victimes de cette fatale journée.... La pauvre mère, ne doutant plus de son sort, reprit le cours de ses recherches... Mais, plus malheureuse cette fois, elle ne cherchait désormais que le corps inanimé de son fils.

Longue fut sa douloureuse pérégrination. Après l'avoir commencée sur le champ de bataille de Patay, au milieu des morts, elle la poursuivit *durant quinze jours entiers*, allant d'ambulance en ambulance, de ferme en ferme, partout où l'entraînait l'espoir d'apprendre des nouvelles d'un fils bien-aimé. Un soir, épuisé de fatigue, elle entra dans une misérable ferme, sur sa route, pour y passer la nuit. Une pauvre veuve la reçut avec bonté, et lui dit en pleurant : « Hélas ! ma bonne dame, je n'avais qu'une vache qui m'aidait à vivre, ces malheureux Prussiens me l'ont enlevée, il ne me reste absolument plus rien.... La pauvre mère et la pauvre veuve confondirent leurs pleurs. Il restait quelque argent à la noble châtelaine. Elle eut du moins la consolation, ce soir-là, de faire un peu de bien sous l'humble toit où nos ennemis venaient de faire beaucoup de mal.

Cependant elle cherchait toujours en vain. Un jour enfin elle pénétra dans une petite chapelle de village transformée en ambulance. La vue des nombreux blessés émut son cœur; mais elle ne put contenir son indignation, en voyant un soldat brutal frapper d'un coup de sabre l'un de ces malheu-

reux qui se plaignait d'avoir reçu une trop mince ration
de pain. Elle court aussitôt chez le commandant prussien
pour lui dénoncer cet acte de barbarie ; mais elle eut le regret de ne pouvoir le rencontrer.

Mme de V***, dans les diverses ambulances qu'elle avait
visitées, avait, selon la mesure de ses forces, rempli la mission d'une Sœur de Charité. Dans celle-ci, elle poursuivait
sa noble tâche, lorsqu'un des blessés, touché de sa peine,
lui dit : « Il y a là-bas, dans un coin de la chapelle, un
monceau de cadavres qu'on y a jetés ; peut-être, Madame,
trouverez-vous là ce que vous cherchez. »

Elle se hâte d'y aller ; et après avoir soulevé plusieurs
de ces froides dépouilles, cette courageuse mère reconnut
enfin le corps inanimé de son fils.

Il était là, dans un costume de zouave, nullement dé-
composé, couvert seulement des pâleurs de la mort. La
pauvre mère eut du moins la consolation de déposer un
dernier baiser sur un noble front qui avait porté haut le
nom de la France ; mais elle n'eut point celle de transporter avec elle cette chère dépouille... Après avoir pris soin
de sa sépulture, Mme de V*** traversa de nouveau la France
pour revenir au château de T***, où l'attendait, dans une
inquiétude mortelle, son noble époux, avec un fils et une
fille, derniers rejetons d'une famille plus nombreuse.

Le corps du jeune vicomte Joseph de V***, ancien zouave
pontifical, mort glorieusement à Patay, reposait donc dans
une petite chapelle de village, près d'Orléans, en attendant
que des jours meilleurs permissent de le transporter dans
la chapelle funèbre du château de ses pères.

Mère chrétienne, j'admire votre courage et je compatis
à votre douleur... Mais s'il y a d'immenses douleurs pour
les mères, il y a aussi pour elles d'immenses consolations.

Consolez-vous donc, noble châtelaine : votre fils Joseph vous attend dans le ciel. Vous l'y retrouverez coûronné de gloire, au milieu de la brillante légion de ces jeunes martyrs qui, après avoir brillamment combattu pour la sainte Eglise, ont versé leur sang pour l'honneur et le salut de la France!

XLIV

Une noble protestation.

La mère chrétienne dont nous venons de raconter le généreux dévouement, écrivait, peu de temps après le départ de Garibaldi pour son île, la lettre suivante au directeur d'un journal :

« Monsieur,

» Je viens protester dans vos colonnes contre la lettre inqualifiable de reconnaissance adressée par le gouvernement à Garibaldi. Elle soulève en moi une douloureuse surprise et une légitime indignation.

» Je rougis pour mon pays de voir remercier un homme qui est un outrage à toutes les saintes, nobles et honorables aspirations de la France. Voilà ce qui donne la mesure de la dissolution des idées et de la profondeur de nos maux, et j'ajouterai, de la lâcheté des consciences qui se disent honnêtes ; avec de tels principes d'indifférence pour le bien et le mal, nous ne pouvons espérer la fin de nos malheurs.

» Pour moi, je ressens, monsieur, tout ce que ressentent assurément les familles chrétiennes et françaises avec tant d'effusion.

» Je regarde, comme un outrage jeté à nos saintes victimes, la lettre de remerciement à celui qui est l'ennemi de Dieu et du sang de la France, et qui s'est dit content de l'avoir versé.

» J'adjure tous les cœurs en deuil comme le mien, de se lever et de flétrir cette lettre, et de ne pas permettre que la reconnaissance du pays soit pour l'ennemi de nos enfants et de toute l'élite de la nation française.

» Recevez, monsieur, l'assurance de ma parfaite considération.

» Comtesse de V***, née de V***.

XLV

La prière avant le combat.

On se souvient que naguère le colonel de Cathelineau, entrant dans la cathédrale d'Orléans, à la tête de sa catholique et vaillante légion, tira son épée devant l'autel, en s'écriant : *Pour Dieu et pour la patrie.* Ce trait, dont le monde chrétien s'est réjoui comme d'une réapparition des âges de foi, s'est reproduit sous une autre forme, mais non moins touchante, dans une église du Berry. La garde nationale de la petite ville de Sancoins, avait été convoquée par le commandant à la messe de Noël, « afin, avait-il dit, de prier pour le succès de nos armes. » En exécution de cet ordre, le bataillon en armes, drapeau en tête, assista à la messe. Jusque là, rien d'extraordinaire ; mais l'office terminé, une cérémonie d'un autre genre, bien faite pour toucher les cœurs, commença.

Au commandement *genoux terre*, toute la troupe se prosterne, et le brave chef, entouré de ses officiers agenouillés comme lui devant l'autel, lit à haute voix une prière de sa composition et qui n'en avait que plus de prix. Il demandait pardon à Dieu, au nom de tous, des fautes qui ont attiré sur nous tant de malheurs. Il priait la Majesté divine d'agréer en expiation le sang déjà répandu, et implorait la force et le courage de mourir, s'il le fallait, pour la même cause.

Nous nous abstiendrons de tout commentaire. Cette démonstration spontanée et si profondément catholique honore plus une population, que la voix la plus éloquente ne saurait le dire. Si toutes nos villes s'humiliaient comme la ville de Sancoins, et demandaient publiquement pardon à Dieu, il n'en faudrait pas davantage : la France serait sauvée.

UNE ÉPÉE D'HONNEUR OFFERTE PAR LES DAMES DE MULHOUSE AU COLONEL DENFERT

Les dames de Mulhouse ont eu la généreuse pensée d'offrir une épée d'honneur au colonel Denfert, l'héroïque défenseur de Belfort. Elles lui ont envoyé à ce sujet l'adresse suivante, qui respire le plus ardent patriotisme :

« Colonel,

» Les dames de Mulhouse, au nom de l'Alsace dont vous avez défendu l'honneur avec tant d'héroïsme, vous offrent cette épée.

» Le dernier, au milieu de toutes les infortunes de la patrie, vous avez tenu haut le drapeau national au sein de l'Alsace envahie.

» Chaque heure, chaque instant, nous entendions avec une anxieuse émotion la voix de Belfort qui nous disait : Vous êtes toujours Français.

» C'est au vaillant défenseur de cette héroïque forte-
resse, c'est au dernier champion de l'Alsace que les dames
de Mulhouse offrent ce souvenir de leur admiration et de
leur éternelle reconnaissance.

» Nous dont les maris, les fils, les frères ont combattu
pour la France, nous voulons aussi affirmer notre amour
pour la patrie, en vous remettant, à vous l'un de ses plus
nobles défenseurs, cette épée qui, dans vos mains, contri-
buera à la délivrance de notre bien-aimée province. »

XLVI

Une Sœur de Charité de Nevers à l'ordre du jour.

Le commandant supérieur de la Nièvre et de l'Yonne,
M. de Rinte de Gevigny, a communiqué, à Mgr l'évêque
de Moulins, l'ordre du jour suivant :

« La Sœur *Léocadie Labattu*, Sœur de Charité de Nevers, est mise à l'ordre du jour de l'armée. Par cette distinction, le général ne prétend pas récompenser la Sœur
Léocadie Labattu, dont la conduite est au-dessus de toute
récompense ; il veut seulement remercier, au nom de
l'armée qu'il commande, la femme qui, depuis un mois,
expose chaque jour sa vie pour soigner nos malades et
nos blessés.

Neuvy, le 7 janvier 1871.

» Le général commandant la brigade DU TEMPLE. »

XLVII

M. le duc de Broglie et le grand duc de Mecklembourg.

« Lorsque le grand duc de Mecklembourg vint prendre
« garnison » chez M. le duc de Broglie, il demanda à
lui parler pour s'entendre avec lui sur le logement de son
état-major. M. Albert de Broglie se présenta et se contenta
d'adresser au duc prussien ces paroles :

« Monsieur le duc, puisque j'ai le triste et fatal honneur
d'être obligé de vous recevoir chez moi, veuillez disposer
des appartements de ce château qui vous conviendront, et
me permettre de me retirer à l'extrémité de cette maison.

» Le duc de Mecklembourg ne se tint pas pour battu,
et, vers quatre heures et demie, il fut inviter le duc de
Broglie à dîner *chez lui* avec son état-major. « Monsieur,
lui répondit le noble duc, je ne puis accepter votre invitation, d'abord parce que je porte le deuil de mon père,
ensuite parce que je porte le deuil de ma patrie !... »

XLVIII

Le jeune comte d'Estourmel.

Le jeune comte d'Estourmel, lieutenant de la garde
nationale, se trouvait, le 19 janvier (1871), au combat de
Buzenval. Il s'offrit pour porter un ordre pendant la nuit,
rencontra un poste prussien, et tomba horriblement frappé.
La balle lui brisa le coude et lui traversa tout le corps. On
l'emporta à la ferme de la Fouilleuse, où il lui fallut passer

la nuit sur le pavé d'une ruine, ouverte à tous les vents.
Un prêtre heureusement se trouvait là : il put lui donner
quelques soins comme aux autres blessés qui encombraient
ce misérable asile. La nuit fut affreuse. M. d'Estourmel
en supporta patiemment les atroces douleurs. De temps en
temps, pour se délasser, il reposait sa tête sur les genoux
du prêtre. Profitant d'un moment de répit, il se confessa
avec une admirable tranquillité d'âme et une parfaite
résignation à la volonté de Dieu.

Tout secours matériel manquait : son charitable infirmier ne put lui donner qu'un peu d'eau saumâtre, et lui,
non moins charitable envers celui qui se désolait de ne
pouvoir mieux le servir, lui rendit grâce de ce peu d'eau
dont il ne voulut point lui avouer l'amertume. Encore que
la douleur lui arrachât quelques gémissements, il ne se
plaignait de rien.

Enfin les voitures d'ambulance arrivèrent plusieurs
heures après le jour. Le prêtre put y installer son cher
blessé, et suivit à pied par des chemins effroyables. Il
fallait s'arrêter souvent pour que le malade ne pérît point
dans la violence des tortures. Ce voyage, après une telle
nuit, dura jusqu'aux approches du soir. « C'est là, me
disait le prêtre, que l'on voit, que l'on sent ce qu'est
la guerre. »

M. d'Estourmel avait demandé d'être conduit à l'ambulance du séminaire des Missions étrangères, à laquelle
appartenait le prêtre que la miséricorde divine lui avait fait
rencontrer, M. Guérin, l'un des directeurs de cette sainte
et illustre congrégation. On vit tout de suite que son
état était désespéré; lui n'en parlait point : il reçut avec
courtoisie la visite de son colonel, et celle de plusieurs
autres officiers de son bataillon, leur disant quelques mots,

et leur serrant la main. Mais le lendemain matin, vers dix
heures, il fit éloigner les personnes qui l'entouraient, et
dit à M. Guérin : « Le temps presse, je sens que je m'en
vais. Si vous voulez bien me donner l'Extrême-Onction,
je suis prêt. » Il se confessa de nouveau, et reçut le sacrement qu'il avait demandé, comme un tel homme le devait
recevoir.

Il pria ensuite M. Guérin de lui mettre au cou une médaille de la sainte Vierge. Depuis ce moment, il ne prononça plus que de rares paroles, se contentant de lever un
regard plein de douceur et de sérénité vers ceux qui le
veillaient. Il expira ainsi vers trois heures, paisiblement
endormi dans le contentement d'avoir fait son devoir et
d'aller à Dieu.

Il n'a eu ni délire ni fièvre, pas même de sueurs. Il
s'est endormi; et mort, il semblait dormir; son visage ne
portait aucune trace de douleur ou de fatigue : il goûtait
le bon sommeil qui suit le combat.

Le comte d'Estourmel avait appartenu à l'armée; il
venait de donner sa démission pour se marier, et le jour
de cette union était marqué. Lorsque la guerre éclata; dès
que l'on put prévoir que Paris serait assiégé, il quitta sa
province dans l'intention de s'offrir à la défense commune.
Il n'en eût pas fait moins, quand il eût su qu'il y laisserait
sa vie.

Ainsi, il a mérité d'abandonner la vie, comme le voyageur qui s'éloigne avec indifférence du point de vue dont la
beauté l'a charmé un instant, car son cœur est déjà au but
de sa course, et rien n'égale la beauté du foyer paternel
où il se sent appelé.

Louis Veuillot.

13

XLIX

Expiation, ou le soldat blessé.

Un ecclésiastique visitait une ambulance. On lui parla d'un soldat dont la vie paraissait un prodige dans l'état de mutilation où il se trouvait. Il eut la curiosité de le voir. Il s'approcha ; il aperçoit un homme dont la figure portait l'empreinte d'un grand calme. « Mon ami, lui dit-il, on m'a dit que vos blessures étaient très-graves. » Le malade sourit : «Monsieur, répondit-il, levez un peu la couverture.» Il la relève, et recule en voyant que cet infortuné n'a plus de bras. « Quoi! lui dit alors le blessé, vous reculez pour si peu de chose? Levez la couverture aux pieds. » Il la lève, et il voit qu'il n'a plus de jambes. « Oh! mon enfant, s'écrie le charitable prêtre, combien je vous plains! — Non, répond le malade, ne me plaignez pas, mon Père : je n'ai que ce que je mérite! c'est ainsi que j'ai traité un crucifix. Je me rendai à l'armée avec mes camarades. Nous rencontrâmes une croix : on se mit en devoir de l'abattre. Je brisai les bras et les jambes du crucifix, et il tomba. A peine arrivé au camp, on livra bataille, et, à la première décharge, je fus réduit à l'état où vous me voyez. Mais Dieu soit béni, il punit mon sacrilége dans ce monde pour m'épargner dans l'autre, comme je l'espère de sa grande miséricorde... »

L

Les prisonniers français en Prusse.

Le dévouement religieux et patriotique pendant la guerre de Prusse n'a pas eu pour théâtre la France seulement. On l'a vu encore briller d'un éclat touchant en Allemagne, où nos désastres ont amené successivement *trois cent mille prisonniers*. Reposons un instant nos regards sur un nouveau tableau, triste sans doute, mais que la religion et la charité éclairent de leurs rayons consolateurs. Et d'abord reproduisons ici le chaleureux appel en faveur de ces infortunés, que faisait à la suite de nos défaites un journal dans un article, sous ce titre : *Consolation à nos prisonniers*.

« Et maintenant tous sont là, sous le regard des femmes et des enfants de l'ennemi, sans ressources, sans consolations, peut-être sans espérances. La France malheureuse n'oubliera pas les plus malheureux de ses enfants. Elle assistera leur dénûment, elle réconfortera leur désolation.

» Ce dénûment est extrême. Embarrassé de l'abondance de ce vivant butin, le gouvernement prussien suffit à peine à nourrir tous les hommes qu'il nous a pris. Qui les vêtira ? Leurs uniformes se sont usés au bivouac ou déchirés dans les combats. Sous un climat pour lequel ils n'étaient pas faits, le rude hiver commence à les glacer : qui les réchauffera ? Leurs corps aussi se sont usés. Affaiblis par les longues privations, malades, mutilés : qui les soignera ? Déjà leurs besoins ont ému les nations étrangères : près d'eux notre vieille amie la Suisse et notre sœur cadette la Belgique leur ont tendu une main généreuse. Plus éloignée, l'Angleterre n'est pas demeurée en retard. Son ambassadeur à Berlin, lord Augustus Loftus, n'a pas avancé pour eux moins de sept cent mille francs. L'obole de la patrie sera-t-elle donc seule à leur manquer ? En dépit de sa détresse, cela ne se peut pas.

» Mais, ce qui souffre plus que leur corps, c'est leur vaillant cœur, c'est leur âme. La vie a perdu pour eux son

charme et son prix. Ils ne savent plus qu'en faire. Pour
les préserver du désespoir, il leur faut désormais des espérances plus hautes que la terre : c'est à la religion qu'il
appartient de leur parler, et pour s'en faire entendre, il
faut qu'elle leur parle dans la langue de la patrie. Ainsi
leur apprendra-t-elle que, condamnés à ne plus combattre,
ils peuvent encore expier, souffrir et mériter pour la
France : ils se consoleront alors de n'avoir point péri.

» Leurs mères et leurs sœurs ne s'y sont pas trom-
pées. C'est au nom de toutes que la mère d'un glorieux
prisonnier de Strasbourg, d'un vaillant et infortuné prisonnier de Metz, a demandé des prêtres français pour
messagers des familles et de Dieu. Mais déjà nos prêtres,
entre autres ceux de Toulouse, sont partis.

» Partez donc, messagers de salut et de consolation. Portez aux prisonniers l'obole et l'écho de la patrie, les tendres
recommandations de leurs mères, les virils conseils de
leurs pères, et les paroles de l'éternelle vie. Pendant
que vos frères parleront aux soldats qui combattent, du
Dieu qui a donné la victoire à Jeanne d'Arc, vous entre-
tiendrez, vous, ceux qui ne combattent plus, du Dieu
qui a fait de saint Louis dans les fers une des grandeurs
de la France. Dites-leur que la patrie les regarde : elle
attend d'eux qu'ils l'honorent par l'austère dignité du malheur. Dites-leur que l'ennemi a parlé de la décadence de
notre race et de la décadence de notre foi, associant ces
deux choses en son aveugle mépris. Qu'ils lui apprennent
ce qu'elles valent l'une et l'autre aux prises avec la fortune
adverse, qu'ils le forcent à les admirer ensemble; et si
l'Allemagne, éprise à cette heure des prodiges du canon
et saisie de l'ivresse des conquêtes, convient, en les con-
templant, que l'âme d'un peuple chrétien est plus forte

que le canon, échappe à la conquête et se rajeunit dans
les revers, s'ils obligent enfin les vainqueurs au respect
des vaincus, ils auront bien mérité de la France et de
l'humanité. »

———

Les extraits suivants, détachés d'un excellent livre [1],
font voir que le Français conserve sa foi, son esprit et sa
gaieté jusque dans l'exil et la souffrance.

« Les temples protestants des campagnes sont en général de la dernière austérité. J'étais obligé d'y conduire
mes hommes pour nos cérémonies et nos prédications. La
première fois qu'ils y entraient, je les voyais dans l'ébahis-
sement et je les entendais faire les réflexions les plus co-
casses. « Tiens, ça ne vous dit rien au cœur : pas d'eau
bénite, pas d'autel, pas de tableau. Il n'y a pas même la
statue du patron. Bah! l'église de mon village vaut bien
mieux que ça. — Dans mon pays, disait un autre, ce
serait bon tout au plus pour y faire école. — Vous n'y
entendez rien, ajoutait un troisième, ceci est exactement
un manège. »

» De temps en temps, messieurs les pasteurs, non con-
tents de répandre à profusion leurs livres *saints* parmi les
Français, se permettaient aussi de les sermonner. Il paraît
qu'ils ne les ménageaient pas toujours. Un d'entre eux osa
même dire que nous étions *légers*, *orgueilleux*, *vantards*,
pourris, que sais-je? Les pauvres soldats étaient furieux.
« Passe encore que M. l'aumônier nous l'eût dit! il est de
la famille; mais des étrangers, des protestants!... Allons,
allons, qu'ils s'avisent de ce qui les regarde et qu'ils laissent
les gens de la maison laver leur linge sale. »

[1] *Mes Impressions et Confidences d'aumônier militaire en Allemagne
et en Suisse*, par M. Dufor, prêtre du Sacré-Cœur.

» Un jour, un excellent brigadier d'artillerie m'amena
une vingtaine de ses camarades; qu'il était fier, si vous
l'aviez vu! « M. l'aumônier, me dit-il avec solennité, ces
collègues n'étaient pas au sermon de jeudi, ils buvaient un
petit coup. Moi, je leur ai fait tout le détail de vos his-
toires : que c'est une bêtise de ne pas aller à la messe et à
confesse quand on peut, que ça donne du courage, parce
qu'alors on sait où l'on défile si on meurt. Ça leur a fait
plaisir, cela, et je leur ai dit : En avant, marche... sans
boute-selle, et tout le piquet vient se faire étriller. — Soyez
les bienvenus, mes amis. Et vous, brigadier, je vous féli-
cite de votre bonne action, vous êtes un vrai missionnaire.
— Oh! ne me flattez pas, M. l'aumônier, ce n'est pas moi,
c'est le bon Dieu qui a fait exécuter ce changement de front. »

» Entrons dans cette ambulance. Voici un pauvre enfant
qui va mourir. Je l'administre, je lui présente à baiser le
crucifix. « Vous souffrez bien, n'est-ce pas? lui dis-je.
— Oh! oui, me répond-il doucement, et comme *lui* j'ai
cinq plaies! » Voyez-vous là-bas, près de ce lit, cette
femme debout comme Marie près de la croix? C'est une
mère qui arrive de France pour consoler l'agonie de son
fils; quand elle comprend qu'il va trépasser, elle l'embrasse
et commence le *Te Deum*. Tandis que la mère le terminait
ici-bas, l'enfant le finissait là-haut.

» Les bons Suisses avaient imaginé pour désennuyer nos
soldats, dont l'ignorance les avait justement frappés, d'ouvrir pour eux des écoles spéciales et de leur faire des
conférences.

» Un soir, un brave professeur est venu les entretenir
de géologie dans un langage horriblement hérissé de termes
scientifiques, qui ne tarda pas à provoquer dans l'auditoire
des bâillements péniblement étouffés par la reconnaissance

due à l'intention. Le professeur se retire, on l'applaudit,
on le remercie. Quand il est loin, un moblot monte grave-
ment à la chaire devenue vacante, et d'un ton doctoral :
« Vous êtes un tas d'imbéciles ! Je suis sûr que vous n'avez
pas compris un mot à ce qu'on vient de vous dire. Moi,
je vais vous expliquer ça : La géologie, c'est la connaissance de la terre. Il y a trois sortes de terres : la terre
glaise, la terre de pipe et la terre hospitalière. Nous
sommes pour cette dernière... et vive la Suisse ! » Tous
crient : Vive la Suisse ! et vont se coucher. »

Le P. Dufor écrit à son supérieur :

« Pas plus tard qu'hier soir, un vieux sergent m'édifia
au dernier point. Il passait pour un démon dans sa compagnie, et quelques jours auparavant il avait fait un tapage
d'enfer dans une cantine, brisant tout et assommant tout
le monde. Il paraît que ça lui avait si bien troublé le sang,
qu'au lieu de l'emmener en prison, on fut obligé de le
porter à l'hôpital des variolés.

» J'allais le visiter tous les jours, et le voyant perdu,
je l'engageais à faire ses devoirs de chrétien. Il ne disait
pas non ; mais tantôt il était en train de boire sa tisane,
tantôt il y avait trop de monde, parfois même il faisait
semblant de dormir. Enfin, samedi soir, vers onze heures,
se sentant près de mourir, il me fait demander. Je me
lève, j'y cours. Le sergent était affreux à voir, tant le
typhus et la petite vérole avaient ravagé sa figure.

» Il se confesse avec une foi admirable et je lui administre
le sacrement de l'Extrême-Onction. J'allais me retirer lorsque le moribond m'interpelle avec force : « Dites donc,
monsieur l'aumônier, et la sainte Eucharistie, et le bon
Dieu ? — Ce soir, impossible de vous le porter ; l'église
est fermée et c'est monsieur le commandant qui a la clef.

— Quoi! moi, mourir sans le bon Dieu? Cela ne peut
être. Dans mon pays, la Savoie, on donne le saint Viatique aux mourants. Si vous me le refusez, vous êtes
tous damnés. — Eh bien! ce sera pour demain matin. —
Non, il me le faut ce soir : demain matin je serai mort. »

» La salle était infecte et je ne pouvais plus y tenir. Je
sors et je me dirige vers la porte de l'église. O Providence! par extraordinaire, on avait oublié de fermer la
porte. Vite je pris le saint Viatique et je le portai au vieux
Savoyard. Il poussa un cri de joie, se leva sur son séant
et communia comme un saint. Puis, en pleurant, il me
dit : « Merci, monsieur l'aumônier; vous m'avez rendu le
plus grand de tous les services. Je vous donne ce que j'ai
de plus précieux, mes cinq médailles, que vous garderez
comme souvenir d'un coupable qui s'est repenti. Veuillez
me dire trois messes.... »

» Et voilà, mon cher Père, de ces scènes auxquelles
j'assiste tous les jours. »

—

« D'Allemagne, où j'ai passé près de trois mois, donnant toute sorte de soins à nos malheureux prisonniers,
j'accourus au devant de l'armée de Bourbaki qui se ré-
fugiait en Suisse.

» Ma première pensée fut de m'informer auprès de l'autorité militaire du lieu d'internement de nos chers mobiles
de la Haute-Garonne. J'appris avec bonheur qu'ils avaient
réussi, pour la plupart, à échapper aux Prussiens avec la
plus grande partie du 24e corps; toutefois, j'en rencontrai
quelques-uns à Zurich, ainsi que les gardes forestiers de
Toulouse. Il n'y avait parmi eux que trois ou quatre malades qui, je l'espère, sont rétablis.

» Une grande partie du canton de Zurich est sans prêtre
catholique, et nous avons là près de 15,000 internés,
dont beaucoup de mobiles du Midi. Après ça, c'est un mé-
lange singulier de soldats de toutes armes et de tous départements. J'ai vu, à Wulfingen, deux ou trois francs-
tireurs de la compagnie de M. Jarr; ils m'ont raconté la
bravoure de leurs chefs et de leurs camarades.

» L'aumônier, qui a assisté aux derniers moments de
leur capitaine, M. de Martin, m'a dit avoir été extrême-
ment touché de sa mort si courageuse et si chrétienne.

» Muni d'un mandat officiel, qu'ont bien voulu me délivrer, avec la plus haute bienveillance, M. le ministre de
France et la direction militaire de Zurich, j'ai établi mon
quartier général dans la bonne ville de Winterthur, où
se trouvent un millier de soldats et sept ambulances avec
plusieurs centaines de malades. Tous les matins je pars en
chemin de fer, en voiture ou à pied pour visiter quelques-
uns des dix cantonnements dont je suis chargé. J'emporte
toujours le saint Viatique avec moi.

» Le soir, vers quatre heures, il faut rentrer pour en-
terrer les morts et donner des soins religieux aux malades
de Winterthur, travail écrasant auquel on ne pourrait ré-
sister sans l'aide de Dieu et d'ineffables consolations. Partout on a formé des *comités de secours*, qui font merveille
et que j'encourage de mes modestes ressources. Les au-
torités religieuses, civiles et militaires rivalisent de sympathie et de charité envers nos chers compatriotes. Les
salles de danse ont été converties en hôpitaux, et l'argent
qu'on avait coutume de dépenser à l'occasion du carnaval,
a été affecté aux besoins de notre armée.

» Des dames de la plus haute distinction se sont faites
les Sœurs de Charité de nos malades. Il y en a qui tous

les jours invitent à leur table un ou plusieurs convalescents. Les artistes donnent des soirées, et les jeunes gens
jouent des pièces de comédie au profit des internés. Que
la Suisse est magnifique à l'endroit de la France ! Aussi
malheur à qui attaquerait la république fédérale ! nos braves
soldats seraient là pour la défendre.

» Dès à présent déjà ils ont à cœur de se montrer re-
connaissants par une conduite généralement irréprochable.
On est content de leur réserve et de leur souplesse. Ils
sont heureux de voir leur aumônier et d'assister à nos
messes militaires. A Winterthur, ils m'ont remis plus de
200 francs, produit d'une quête qu'ils ont faite entre eux,
pour élever des croix sur les tombes des défunts et venir
en aide aux comités de secours. C'est la gendarmerie qui
a eu l'initiative de ce bel acte de générosité que j'ai cru
devoir signaler dans les feuilles publiques.

» Aucun des nombreux Français qui sont morts n'a refusé les sacrements : à un seul, l'autre jour, il échappa un
petit rire d'ironie pendant que je lui administrai l'Extrême-
Onction. Mais avant-hier au soir, il me fit appeler. En m'a-
percevant, il me dit : « C'était temps. » Après avoir obtenu
un dernier pardon, il ajouta : « Merci, M. l'Aumônier ! oh !
merci mille fois, et au revoir là-haut ! » J'ai su par ses
camarades que c'était un esprit fort du régiment. Et voilà
comment nos petits voltairiens eux-mêmes sont heureux
de finir.

» Les journaux allemands regardaient l'internement de
nos troupes en Suisse comme un fléau et un châtiment
pour cette généreuse nation. Ils disaient avec moquerie :
« Comment la petite Suisse pourra-t-elle loger et tenir
85,000 Français à *demi-sauvages?* » Eh bien, les Suisses
ont répondu en nous donnant l'hospitalité la plus large,

la plus confortable qui fut jamais, et les Français, en se
montrant les plus civilisés du monde. J'ai vu longtemps les
prisonniers d'Allemagne et les internés de Suisse. »

—

Dans les remarquables pages du zélé missionnaire, on
lit des choses vraiment incroyables, et qui justifient l'épi-
graphe empruntée à Isaïe, le Voyant d'Israël : *Quis cre-
didit auditui nostro?* Qui pourra croire à nos paroles ?
Puissent ces paroles devenir une leçon et une prophétie !
Ce livre plein de charme est une suite de récits des plus
attrayants, où la poésie est celle du cœur ; on est cap-
tivé par la pureté du style et par les bonnes et justes appré-
ciations sur les hommes et les choses de France et d'Allemagne. Nous cédons au plaisir de citer encore l'*épilogue*
qui le termine.

« .... O mon livre, dit l'auteur, voici l'heure de la
liberté. Tu peux prendre ton essor et suivre ton destin,
pareil à ces graines ailées qui s'en vont où le vent de Dieu
les porte, quelquefois sur des ruines qu'elles réjouissent ou
qu'elles fécondent.

» Répands-toi dans la cité et le hameau, dans le palais et la chaumière, dans l'hôpital et la caserne. Il faut
que partout on connaisse la douloureuse captivité, le
cruel martyre des enfants de la France.... Drame
effroyable !

» Arrive même, si tu peux, jusqu'aux extrémités de
la Prusse barbare et de la Suisse généreuse. A l'une rappelle nuit et jour sa dureté ; à l'autre, ses bienfaits. A
toutes les deux affirme que nous n'oublierons jamais, non
jamais !...

» France, c'est pour toi que j'ai essayé d'écrire, avec

tout mon cœur, ce sincère et modeste martyrologe ; c'est
pour vous, ô braves soldats, ô chefs malheureux de notre
malheureuse mais grande armée !

. . . .

» Vive l'armée ! vive la France catholique, qui doit
être toujours la tête et le cœur des peuples ! Vive Dieu !
qui n'a permis nos désastres que pour nous faire plus
grands !

» D. Dufor. »

LI

Extrait d'une lettre de Mgr Freppel, évêque d'Angers, au roi de Prusse.

Avant la signature des préliminaires de paix, Mgr
Freppel, évêque d'Angers, avait écrit une remarquable
lettre au roi de Prusse, relativement à la cession éventuelle
de l'Alsace.

Nous en extrayons le passage suivant :

« Sire, croyez-en un évêque qui vous le dit devant
Dieu et la main sur sa conscience : l'Alsace ne vous appar-
tiendra jamais. Vous pourrez chercher à la réduire sous
le joug ; vous ne la dompterez pas. Ne vous laissez pas
induire en erreur par ceux qui voudraient faire naître dans
votre esprit une pareille illusion : j'ai passé en Alsace
vingt-cinq années de ma vie ; je suis resté depuis lors en
communauté d'idées et de sentiments avec tous ses enfants,
je n'en connais pas un qui consente à cesser d'être Français. Catholiques ou protestants, tous ont sucé avec le lait
de leurs mères l'amour de la France ; et cet amour a été,
comme il demeurera, l'une des passions de leur vie. Pas-

teur d'un diocèse où certes le patriotisme est ardent, je n'y ai pas trouvé, je puis le dire à Votre Majesté, un attachement à la nationalité française plus vif ni plus profond que dans ma province natale. Le même esprit vivra, soyez-en sûr, dans la génération qui s'élève comme dans celles qui suivront : rien ne pourra y faire, les séductions pas plus que les menaces. Car, pour s'en dépouiller, il leur faudrait oublier, avec leurs devoirs et leurs intérêts, la mémoire et jusqu'au nom de leurs pères, qui, pendant deux cents ans, ont vécu, combattu, triomphé et souffert à côté des fils de la France; et ces choses-là ne s'oublient point : elles sont sacrées comme la pierre du temple et la tombe de l'ancêtre. Les épreuves de l'heure présente ne feront que resserrer les liens scellés une fois de plus par des sacrifices réciproques. L'union de l'Alsace avec la France n'est pas, en effet, une de ces alliances factices ou purement conventionnelles, qui peuvent se rompre avec le temps et par le hasard des événements : il y a entre l'une et l'autre identité complète de tendances, d'aspirations nationales, d'esprit civil et politique. Que la langue allemande se soit conservée dans une partie du peuple, peu importe, si depuis deux siècles cette langue ne sait plus exprimer que des sentiments français ? Le Breton du Finistère est-il Anglais parce que son langage ressemble à celui des pays de Galles et de Cornouailles ? Les descendants de Guillaume Tell cessent-ils d'être Suisses parce qu'ils ont gardé l'idiome de leurs vainqueurs d'autrefois ? Votre Majesté connaît trop l'histoire pour s'arrêter à un fait dont on abuse étrangement, à savoir que l'Alsace a été incorporée pendant des siècles à l'empire d'Allemagne ; car personne ne devrait ignorer que la priorité historique est en faveur de la domination française, et que, sous la première dynastie de nos

rois, du sixième au dixième siècle, l'Alsace n'avait jamais
cessé de faire partie du royaume des Francs. Mais qu'im-
portent encore une fois des questions qui appartiennent
désormais au domaine de la linguistique et de l'archéologie ?
Les Alsaciens, et c'est le point capital, sont Français de
cœur et d'âme ; et quoi que l'on puisse faire dans l'avenir,
les petits-fils des Kléber, des Kellermann et des Lefebvre
n'oublieront jamais le sang qui coule dans leurs veines. Et
dès lors, Sire, j'ose demander à Votre Majesté de quel
profit pourrait être pour l'Allemagne la possession d'une
province sans cesse attirée vers la mère patrie par ses
souvenirs, par ses affections, par ses espérances et ses
vœux ? Ne serait-ce pas là une cause d'affaiblissement plutôt
qu'un élément de force, un sujet permanent de troubles
et d'inquiétudes au lieu d'une garantie de paix et de
tranquillité ?... »

LII

Adieux de Cathelineau à son armée.

« Mes enfants,

» Le Ministre m'ayant fait savoir que les préliminaires de
la paix étaient signés, vous devenez libres. Retournez donc
dans vos familles, qui, en vous voyant, seront largement
récompensées des sacrifices que leur avait causés votre
départ.

» Lorsqu'il y a six mois je vous appelais près de moi
pour repousser l'ennemi qui s'avançait rapidement dans notre
patrie, je poussais ce cri si cher à notre pays : *Dieu et*

la France. Vous l'avez entendu, et, malgré des difficultés de tout genre, vous m'avez entouré.

» Huit jours ne s'étaient pas encore écoulés que le gouvernement de la Défense nationale pensait à nous, et nous confiait une mission que nous avons pu remplir avec honneur et gloire.

» Pendant toute la campagne, vous n'avez pris de repos ni le jour ni la nuit. Toujours et partout nous avons harcelé l'ennemi ; malgré ce travail incessant il a envahi une partie de la France; mais il s'est arrêté aux frontières de ce pays qu'on appelle la Vendée.

» Voilà notre récompense !

» Soyez-en fiers; vous avez contribué pour votre bonne part au salut de ces contrées.

» Je vous remercie donc, je remercie ces braves éclaireurs à cheval, qui, si souvent, sont allés dans les lignes ennemies les reconnaître et assurer ainsi toutes nos marches.

» Ce sont eux qui ont protégé nos engagements, reconnaissant encore au milieu du feu les mouvements ennemis.

» Merci à vous, mes officiers; vous avez été les pères de mes hommes, et vous en avez fait de vrais soldats.

» Mais c'est à vous surtout, simples soldats, que j'adresse mes remerciements. Vous avez supporté toute la fatigue, et vous n'aviez pour vous soutenir que votre amour pour la France. C'est votre dévouement, c'est votre bravoure qui m'ont fait ce que je suis; jamais je n'aurais pu supporter tant de fatigues, faire autant de travail; et cependant après ces six mois de campagne, je me trouve aujourd'hui plus jeune, plus vigoureux que jamais.

» Mes enfants, je vous avais consacrés à la Vierge Marie. Comme j'avais raison ! N'est-ce pas elle qui vous a protégés partout , qui vous a souvent donné la victoire, sans la couvrir de ce large crêpe qui la rend si pénible à celui qui commande ?

» Vous portiez sur votre poitrine l'emblème de votre foi ; gardez-la, cette foi. Avec elle et votre devise : *Dieu et la France* , retournez parmi vos concitoyens, montrez-vous des hommes vertueux, c'est-à-dire énergiques et patients. Soyez de vrais citoyens, et si un jour la France avait encore besoin de vous, vous me reviendrez, mais vous ne reviendrez pas seuls ; vos amis, vos parents, vos frères vous suivront.

» Au revoir donc !

» J'oubliais dans mon émotion de vous parler de ces prêtres si héroïques qui, comme aumôniers et infirmiers, ont toujours marché à votre tête pour aller au combat, et qui, au milieu de la mêlée, étaient si empressés de ravir à la mort ceux qui tombaient.

» Ici je suis embarrassé... mais j'ai un devoir à remplir, et, quoi qu'il m'en coûte d'avoir à parler d'une femme qui est la mienne, je lui dirai qu'elle s'est montrée notre mère à tous, et que nous lui exprimons à elle, aux médecins et aux infirmiers, toute notre reconnaissance.

» Si j'avais pu réunir ici les trois bataillons de la Dordogne, l'escadron du 10ᵉ chasseurs, je leur dirais qu'ils ont été braves comme vous, généreux comme vous , et que je les confond dans le même estime et le même amour.

» Avant de nous séparer, répétons à pleine poitrine ce cri qui restera toujours notre devise : *Dieu et la France !*

» Cathelineau. »

LIII

Consécration des zouaves pontificaux au Sacré Cœur de Jésus.

Voici un compte-rendu complet de cette belle cérémonie, communiqué par l'un des zouaves [1] :

« Le samedi, veille de la Pentecôte et de la solennité qui devait nous offrir au Sacré Cœur, au rapport, le général nous fait avertir qu'il croit venue l'heure, vivement désirée, d'accomplir un acte religieux depuis longtemps médité. L'Assemblée nationale a décrété des prières publiques, afin d'obtenir la cessation des fléaux qui désolent la France. Il entrera dans les intentions de nos représentants, s'il consacre au Cœur de Jésus les Volontaires de l'Ouest, la légion des zouaves pontificaux.

» En conséquence, tout le corps est invité à se trouver le lendemain, à huit heures, dans la chapelle du grand séminaire... Jamais appel ne fut mieux accueilli, mieux compris.

» Malgré la suppression des chaises et des bancs, l'édifice n'a pu contenir tous nos camarades accourus pour se donner au Sacré Cœur.

» Le général de Charette, avec les chefs de bataillon en grande tenue, a pris place au bas de l'autel. Les stalles des séminaristes ont été occupées par nos officiers. Le reste de la chapelle a reçu les sous-officiers et soldats, mais si compactes, qu'ils ont dû rester debout, même à l'Élévation.

» Un très-grand nombre d'entre nous se sont préparés à leur consécration par la sainte Communion.

» Au *Domine*, *non sum dignus*, Mgr Daniel et le général

[1] Cette cérémonie se fit dans la chapelle du grand séminaire de Rennes.

14

se tenant debout sur le marche-pied de l'autel, à côté d'eux un sous-lieutenant portant le drapeau de la légion, sur lequel est brodé le Cœur de Jésus, couronné d'épines et entouré de la légende : *Cœur de Jésus, sauvez la France!* les officiers aussi debout à leur place, Mgr Daniel, en quelques mots vivement sentis et textuellement recueillis, a fait connaître le but de la cérémonie.

« Messieurs, a-t-il dit, le régiment a vu s'élever, dans le cours accidenté de sa vie, des jours d'une suprême gravité et d'une solennité à nulle autre pareille. Je ne crois pas qu'il se soit vu dans une circonstance plus grave et plus solennelle que celle qui nous rassemble.

» Vous voulez aujourd'hui, dans une grande démarche, tous ensemble, votre général et vos officiers à votre tête, pressés à mes côtés, vous jeter dans le Cœur de Jésus, implorer son secours, lui consacrer vos armes, votre vie, votre mort.

» J'admire, Messieurs, comment Dieu, selon ses révélations à la bienheureuse Marguerite-Marie, voulant sauver la France par le Sacré Cœur, voulant qu'elle lui soit consacrée tout entière, vous appelle les premiers, afin que vous deveniez entre ses mains l'instrument du salut qu'il nous prépare.

» Où allons-nous, Messieurs? Nous ne le savons pas. Quelles sont les destinées de cette légion toute providentielle dans sa formation, dans sa conservation? Nous l'ignorons encore. Mais ce que nous savons, c'est que toute sa force est en Dieu et lui vient de Dieu. Ce n'est pas sans un dessein bien providentiel que vous arrivez aujourd'hui à cette solennelle démarche, et elle me remplit d'espérance.

» Nous répondrons les premiers à ce cri poussé par un de nos frères (M. de Cazenove, député, ancien zouave),

qui a retenti à l'Assemblée de Versailles, et de là aux
oreilles de toute la France, et qui l'a réjouie. Il appelle à la
prière, et nous répondons à ce cri d'une suprême détresse ;
nous disons : *Cœur de Jésus, notre espérance est en vous,
soyez notre refuge.*

» Le Cœur de Jésus, Messieurs, ce n'est pas d'aujour-
d'hui qu'il nous réunit. La manifestation d'aujourd'hui
n'est pas l'expression de sentiments nouveaux dans ce
régiment. Votre consécration est faite. Vous l'avez faite
à Patay ; vous l'avez signée de votre sang. Cœur de Jésus,
vous l'avez entendue ce jour-là. Nous la confirmons à
cette heure.

» Le général de Sonis, celui qui vous a conduits à la
bataille, celui qui a voulu un zouave pour porter le drapeau du Sacré Cœur, celui qui vous a dit : *Faites voir
ce que peuvent des soldats chrétiens, en avant !... voici
le moment ou jamais d'arborer votre étendard*, le général
de Sonis a voulu vous conduire lui-même au Sacré Cœur
de Jésus. Avec vous à la bataille, il a voulu s'associer
à votre consécration et en formuler lui-même les paroles.

» Qu'elles deviennent, Messieurs, la formule de notre
consécration. Nous n'y changerons rien. Ces paroles pour
nous sont sacramentelles.

» Glorieux drapeau, je vous salue ! Vous avez vu mourir nos frères, vous êtes empourpré de leur sang; entendez nos serments, vous nous les rappellerez toujours. »

Consécration donnée par le Général de Sonis.

« — O Jésus, vrai Fils de Dieu, notre Roi et notre Frère,
rassemblés tous ici au pied de vos autels, nous venons
nous donner pleinement à vous et nous consacrer à votre
divin Cœur.

» Vous le savez, Seigneur, nos bras se sont armés pour la défense de la plus sainte des causes, de la vôtre, Seigneur, puisque nous sommes les soldats de votre Vicaire.

» Vous avez permis que nous fussions associés aux douleurs de Pie IX, et qu'après avoir partagé ses humiliations, nous fussions violemment séparés de notre Père.

» Mais, Seigneur, après avoir été chassés de cette terre romaine où nous montions la garde au tombeau des saints Apôtres, vous nous prépariez d'autres devoirs, et vous permettiez que les soldats du Pape devinssent les soldats de la France.

» Nous avons paru sur les champs de bataille, armés pour le combat. Votre Cœur adorable, représenté sur notre drapeau, abritait nos bataillons.

» Seigneur, la terre de France a bu notre sang, et vous savez si nous avons bien fait à la patrie le sacrifice de notre vie.

» Beaucoup de nos frères sont morts, vous les avez rappelés à vous parce qu'ils étaient mûrs pour le ciel.

» Mais nous, nous restons, et nous ignorons le sort que vous nous réservez.

» Faites, mon Dieu, que la vie que vous nous avez laissée soit tout entière consacrée à votre service.

» Nous portons tous sur nos poitrines l'image de votre Sacré Cœur : faites que nos cœurs en soient l'image encore plus vraie ; rendez-nous dignes du titre de soldats chrétiens.

» Faites que nous soyons soumis à nos chefs, charitables pour le prochain, sévères pour nous-mêmes, dévoués à nos devoirs, et prêts à tous les sacrifices.

» Faites que nous soyons purs de corps et d'âme ;

qu'ardents dans le combat, nous devenions tendres et compatissants pour les blessés.

» O Jésus, dans les dangers et dans les souffrances, c'est de votre divin Cœur que nous attendons notre plus puissant secours. Il sera notre refuge lorsque tous les appuis humains nous manqueront, et notre dernier soupir sera notre dernier acte d'espérance dans la miséricorde infinie.

» Et vous, ô divine Marie, que nous avons choisie pour notre Mère, à vous aussi nous avons rendu témoignage.

» Nos champs de bataille ont vu le long cortége des mères, des épouses et des sœurs en deuil ; et, lorsque de pieuses mains remuaient la terre qui recouvre les morts, on savait reconnaître les nôtres à leur scapulaire.

» Soyez donc notre protectrice, et obtenez-nous la grâce de nous tenir chrétiennement unis à vous dans le Sacré Cœur de Jésus, durant la vie et à la mort, pour le temps et pour l'éternité. Ainsi soit-il. — »

Dans une courte et chaleureuse prosopopée, Mgr Daniel a relevé cette admirable consécration, où la foi si profonde du chrétien s'unit avec tant de simplicité et de franchise à la bravoure militaire :

« Notre général, nous voulons vous suivre partout, et nous sommes fiers de vous sentir près de nous aujourd'hui.

» Mais, en nous resserrant dans les liens intimes de notre famille, nous avons ici celui qui est au milieu de nous l'expression de sa foi et de son courage, et qui a toujours été l'âme du régiment.

» Mon général, dit en finissant Mgr Daniel en s'adressant au général de Charette, c'est vous qui marchez à notre tête. Si les sentiments du général de Sonis sont les vôtres, si vous avez la confiance qu'ils expriment ceux de votre régiment, Notre-Seigneur au saint Sacrement m'y autorise, je vous donne la parole pour les formuler. »

Ici, le général, regardant et montrant le drapeau du Sacré-Cœur teint du sang de ses défenseurs, et portant l'image du Sacré-Cœur avec la légende sus-indiquée et au revers l'indication : *Saint Martin, priez pour nous*, le général a dit d'une voix posée, claire et fortement accentuée.

« A l'ombre de ce drapeau teint du sang de nos plus nobles et plus chères victimes, moi, général baron de Charette, qui ai l'insigne honneur de vous commander, je consacre la légion des Volontaires de l'Ouest, les zouaves pontificaux, au Sacré Cœur de Jésus, et avec ma foi de soldat, je dis de toute mon âme, et vous demande de le dire tous avec moi : *Cœur de Jésus, sauvez la France !* »

Cette consécration avait été précédée du *Veni Creator;* elle s'est terminée par le chant du *Magnificat*.

Inutile de parler de l'effet moral produit par cette chevaleresque cérémonie. C'était remonter aux jours de saint Bernard et de Godefroy de Bouillon.

En ce moment expirait à Paris, sur des monceaux de ruines et sur les cadavres des martyrs, la plus criminelle des insurrections.... *Le Cœur de Jésus sauvait Paris et la France !....*

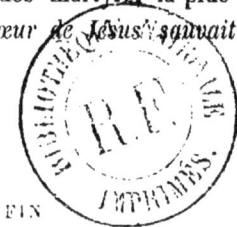

FIN

TABLE

— LILLE. TYP. J. LEFORT. MDCCCLXXIII. —

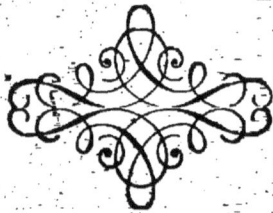

LILLE. TYP. J. LEFORT

www.ingramcontent.com/pod-product-compliance
Lightning Source LLC
Chambersburg PA
CBHW072247270326
41930CB00010B/2297